dumont taschenbücher

W0052140

Das einsamste Eiland der Welt, die Osterinsel, 3 700 km westlich von Chile gelegen, bewahrt bis heute seine Geheimnisse. Wer schuf die eindrucksvollen Kolossalstatuen, mehr als 600 an der Zahl? Welcher Wurzel entsprang die Schrift der Insulaner? Warum verschwanden die Träger dieser eigentümlichen Kultur am Ende des 17. Jh.? Hatte Thor Heyerdahl recht, als er eine Besiedlung der Osterinsel von Südamerika her annahm?

Im Mittelpunkt dieses Taschenbuchs stehen die Siedlungsgeschichte der Insel und die künstlerische Aussage der Monumente. Rundgänge führen den Besucher (wie auch den Leser) zu allen sehenswerten Plätzen des Eilandes und erschließen dabei auch dessen landschaftliche Reize.

Horst Gatermann, geboren 1928, studierte Architektur und war nach der Promotion als freischaffender Architekt tätig. Seit vielen Jahren beschäftigt er sich intensiv mit außereuropäischen Kulturen. Ausgedehnte Reisen nach Afrika, Nord- und Südamerika, Australien und Polynesien sowie mehrfach (zuletzt 1989) auf die Osterinsel.

DuMont Buchverlag Köln

Horst Gatermann

Die Osterinsel

Einsamstes Eiland der Welt

Kulturgeschichte und Denkmäler

Titelbild: Ahu Nau Nau, Anakena
Frontispiz: »Lager am Kraterberg des Rano Raraku«. Nach einer Skizze von M. A. Pinart, 1878. Aus: Stephen-Chauvet, »L'Ile des Pâques et ses Mystères«, Paris 1935

Die Deutsche Bibliothek – CIP–Einheitsaufnahme

Gatermann, Horst:
Die Osterinsel : einsamstes Eiland der Welt ; Kulturgeschichte und Denkmäler / Horst Gatermann. – Erstveröff. – Köln : DuMont, 1991
  (DuMont-Taschenbücher; 262)
  ISBN 3-7701-2508-8
NE: GT

Erstveröffentlichung
© 1991 DuMont Buchverlag, Köln
Satz: Fotosatz Froitzheim, Bonn
Druck und buchbinderische Verarbeitung: Boss-Druck, Kleve
Printed in Germany ISBN 3-7701-2508-8

Inhalt

Rapa Nui – Eine Einführung

Die Topographie

Nicht wenige heißen sie die ›einsamste Insel der Welt‹, die Osterinsel oder *Rapa Nui,* wie die Einheimischen ihr Eiland nennen. Diese Behauptung entspricht durchaus den geographischen Gegebenheiten. Sieht man einmal von der nordöstlich gelegenen unbewohnten und nur 0,12 km² großen Insel Sala y Gomez ab, befindet sich im Umkreis von über 2 000 km kein Land. Auch danach unterbrechen lediglich kleine unbedeutende Eilande wie Pitcairn im Westen oder die Juan Fernández-Inseln im Osten die Weiten des Pazifik. In einer Entfernung von circa 3 700 km erhebt sich schließlich das südamerikanische Festland; und in Richtung Asien muß man sogar 4 050 km reisen, um Tahiti, das Zentrum der Gesellschaftsinseln, zu erreichen.

Diese Einsamkeit, nur zweimal im Jahr von der Ankunft eines Versorgungsschiffes unterbrochen, wurde erst 1967 durch die Eröffnung eines Flugplatzes gemindert. Wenngleich, wie so vieles, auch der Flugplatzbau, realisiert mit US-amerikanischer Hilfe, vor dem Hintergrund geostrategischer Überlegungen zu sehen ist und obwohl die Osterinsel hauptsächlich der Zwischenlandung für die Flüge von Santiago de Chile nach Papeete auf Tahiti und zurück dient, erfolgte hiermit für Rapa Nui der Anschluß an die übrige Welt.

Politisch ist die Osterinsel ein Teil der Republik Chile und heißt in der offiziellen spanischen Amtssprache *Isla de Pascua,* geographisch hingegen ein Teil Polynesiens, was zugleich der ethnischen Verwandtschaft der Mehrheit ihrer heutigen Bevölkerung entspricht. Die Insel stellt den östlichen Eckpfeiler des polynesischen Triangels dar, dessen weitere Fixpunkte Neuseeland und Hawaii bilden.

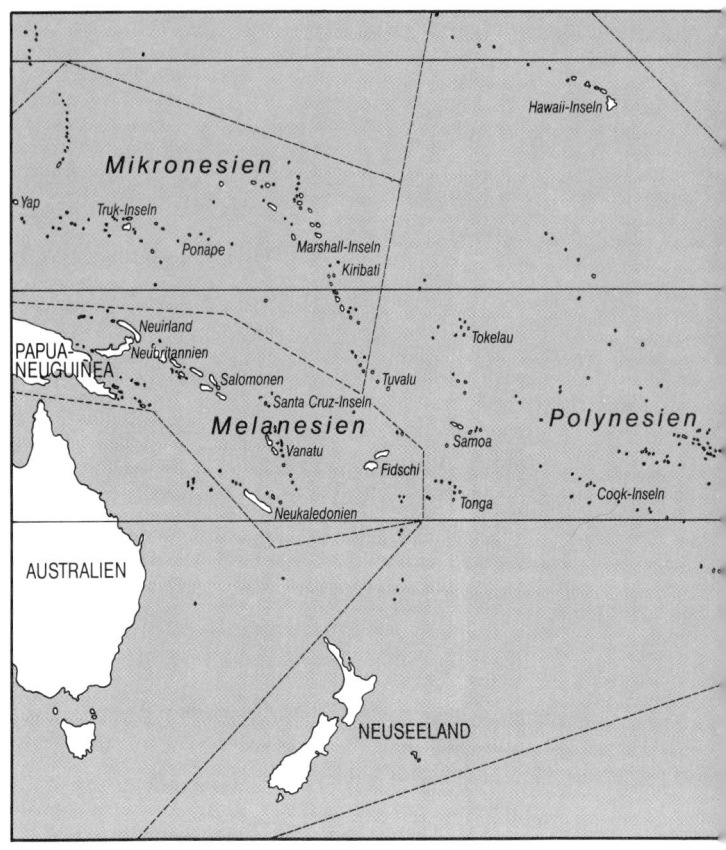

Lage der Osterinsel im pazifischen Raum

Vereinfacht beschrieben, weist die Osterinsel die Gestalt eines rechtwinkligen Dreiecks auf, dessen Basis von West-Süd-West nach Ost-Nord-Ost mit einer Abweichung von etwa 25° gegenüber dem Breitenkreis verläuft. Die Länge der Hypotenuse beträgt circa 24 km, die der Katheten etwas weniger als 16 km. Mit einer Grundfläche von 166,28 km² ist sie nur halb so groß wie die Inselrepublik Malta. Rapa Nui liegt unterhalb des südlichen Wendekreises, und die durch ihren Mittelpunkt verlaufenden geographischen Koordi-

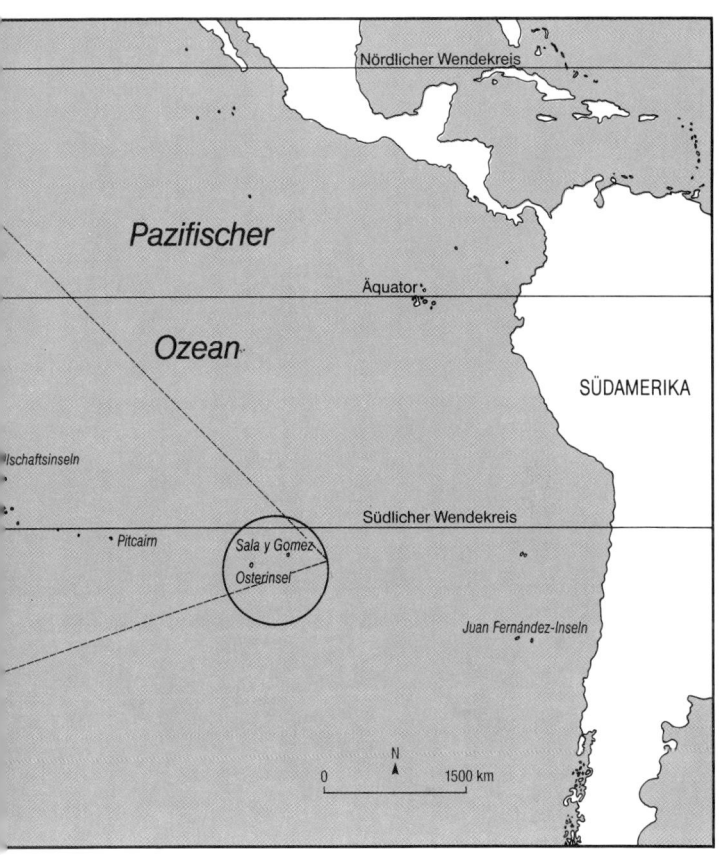

naten weisen eine westliche Länge von 109° 22' und eine südliche Breite von 27° 07' auf.

Das Eiland ragt als Bergspitze des Ostpazifischen Rückens aus dem Ozean. Schroff und abweisend erhebt sich die steinerne Küste über dem Wasser, ihre Felswände steigen nicht selten 100 m und mehr auf; nur im Nordosten der Insel finden sich zwei kleine Sandstrände. Ähnlich steil fällt der Landsockel im Wasser ab und erreicht in 2–3 m Entfernung vom Gestade eine Tiefe von 500 m.

Unverkennbar ist der vulkanische Ursprung der Osterinsel. Zwar seit langem erloschen, charakterisieren noch heute Vulkankegel die hügelige Landschaft. Die drei größten besetzen – Bastionen gleich – die Eckpunkte der Insel: Im Osten beherrscht der Maunga Pukatikei mit einer Höhe von 370 m die auf hohem Felsensockel ins Meer hinausgeschobene Halbinsel Poike, im Norden überragt der Maunga Terevaka (507 m) die kleine Inselwelt. Der wohl schönste Krater dieses Eilands aber, der Rano Kau, liegt im Südwesten hoch über der felsigen Steilküste. Seine Ränder steigen fast senkrecht – bis zu 324 m – direkt aus dem Meer empor, um danach in den inselübersäten Kratersee von mehr als 1 km Durchmesser abzufallen (Farbabb. 8). Einer riesigen Zisterne gleich, fängt der Trichter das Regenwasser auf, speichert es und liefert der Insel, die weder Bäche noch Quellen besitzt, seit jeher das notwendige Frischwasser. Durchlässige Gesteinsschichten ermöglichen einen unterirdischen Ablauf durch die Kraterwände. Das Wasser tritt dann wenig oberhalb des Meeresspiegels wieder aus und kann dort abgeschöpft werden. In früheren Jahren versorgten sich die Inselbewohner aus diesen Sickerquellen. Inselfremde Besucher beobachteten damals, wie die Einheimischen dort, wo der Kraterfuß ins Meer fällt, ihr Trinkwasser holten. Aus der Entfernung schien es, als schöpften sie Meerwasser in ihre Gefäße, und so verbreitete sich bald die Legende von den ›Salzwasser trinkenden Eingeborenen‹ der Osterinsel. Heute wird das Wasser in einem Tank oberhalb des Ortes Hanga Roa gesammelt und dann über ein Leitungssystem verteilt.

Kleine Felseneilande vervollständigen die Inseltopographie. Der Südwestbastion des Rano Kau vorgelagert liegen die wichtigsten: Motu Kao Kao, Motu Iti und Motu Nui (Abb. 26). Sie sind unbewohnt, nur Seevögel leben dort, und den Seeschwalben dienen die Felsen als Brutplatz (s. S. 96).

Ein weiteres inseltypisches Phänomen ist sehr bemerkenswert – das Vorhandensein zahlreicher unterirdischer Hohlräume. Am Küstensaum wie im Inselinnern durchziehen Grotten, Höhlen und Gänge das Lavagestein, natürliche Systeme, die meist schon während der Erstarrungsphase entstanden. Sie dienten den frühen Einwanderern als erste Unterkünfte, ihren Nachfahren im 18. und 19. Jh. jedoch nicht selten als Fluchtburg oder Versteck.

Der Lebensraum

Obwohl die Osterinsel in subtropischen Gewässern liegt, erreicht die Lufttemperatur im Jahresdurchschnitt nur 20,5° C, in den Sommermonaten Januar und Februar steigt sie auf 23,7° C und fällt in den Wintermonaten Juli und August auf 17,8° C (Durchschnittswerte). Ursache für die geringen Temperaturschwankungen und das gemäßigte Klima ist die maritime, von dem kalten Humboldtstrom beeinflußte Umgebung. Desgleichen darf die stete leichte Seebrise nicht vergessen werden, die, durch keine Großvegetation gehemmt, über die Insel streicht.

Auch die Niederschlagsmenge von 1 365 mm im Jahresdurchschnitt bleibt deutlich unter den Werten anderer Südsee-Inseln. Regen fällt während des ganzen Jahres. Ein rascher Wechsel zwischen Schauern und heiteren Abschnitten ist charakteristisch, doch kann es in den Monaten von April bis Oktober durchaus einige Tage hintereinander regnen.

Die klimatischen Bedingungen prägen naturgemäß die Inselflora. Der Besucher, der eingedenk anderer subtropischer Inseln ein Paradies der Üppigkeit erwartet, ist von der Osterinsel enttäuscht. Hartes Gras bedeckt den Boden, und allerorten ragen schwarze Lavabrocken hervor. Nur an wenigen Stellen wird die Monotonie des kargen Bewuchses von Büschen oder Bäumen unterbrochen. Der endemische *toromiro* – eine Mimosenart und einst Material der einheimischen Holzschnitzer – war allerdings lange Zeit ausgestorben (s. S. 135). Eingeführte australische Eukalypten bilden im Rahmen von Aufforstungen bereits kleine Wälder. Auch wurde die Palme wieder heimisch und ist neben anderen Bäumen besonders in Hanga Roa sowie in Anakena zu finden. So versucht ein Palmenhain in der Bucht von Anakena, einem der zwei kleinen Sandstränden, Südsee-Stimmung zu wecken, doch gleichen die importierten Bäume eher einer fremden Kulisse im sonst so strengen Inselszenarium. Dennoch übt die Osterinsel auf den Besucher einen

eigentümlichen Reiz aus, und es ist kaum vermessen, von Rapa Nui als von einer ›herben Schönheit‹ zu sprechen.

Die Osterinsel war in historisch belegter Zeit stets waldlos. Nur einige Dornbuscharten gediehen auf dem Eiland und lieferten den Menschen zumindest kleine Holzmengen für ein Feuer oder zum Schnitzen von Gebrauchsgegenständen und Zeremonialgeräten; des weiteren waren die Bewohner auf angeschwemmtes Treibholz angewiesen. Neuerdings durchgeführte Untersuchungen von Pollenfunden bestätigen allerdings die Vermutung, daß die Insel – zumindest in bestimmten Bereichen – einmal bewaldet war. Ebenso artenarm wie die Flora präsentiert sich die Fauna. Wildtiere sind mit Ausnahme von Seevögeln und Meeresgetier nicht vorhanden.

Demnach betraten die frühen Siedler bei ihrer Anlandung ein ausgesprochen unwirtliches Eiland. Wohl nur die nicht mögliche Rückkehr in die verlassene Heimat oder Weiterfahrt an einen unbekannten Ort mag sie veranlaßt haben, den Kampf ums Überleben auf der kargen Insel aufzunehmen. Mitgebrachte Früchte, Samen und Zöglinge von Süßkartoffeln, Zuckerrohr und Bananen, Wurzeln von Taro und Yams sowie Binsen und Stecklinge des Sandelholz- und Papiermaulbeerbaums bildeten neben Hühnern und einer domestizierten Rattenart die Basis für die spärliche Lebensgrundlage. Hinzu kamen lediglich Fische und Schalentiere des Meeres oder Seevögel und deren Eier – ein bescheidenes

2   Der ›Nabel der Welt‹ (Zeichnung: H. Gatermann)

14

Versorgungsangebot, das über viele Jahrhunderte unverändert blieb.

Die Härte des Überlebenskampfes auf der Insel, deren Bewohner von anderen Lebewesen auf der Erde nur aus uralten Legenden wußten, vermögen wir uns heute nicht vorzustellen. Für sie aber war ihre überschaubare Landfläche inmitten der unüberwindlichen Wasserwüste der Mittelpunkt allen Seins, was sich konsequenterweise in der Namensgebung für ihre insulare Heimat niederschlug. Weit vor der heute gebräuchlichen Benennung Rapa Nui hießen die Siedler ihre Insel *Te Pito o te Henua*, ›Nabel der Welt‹. Noch heute wird dem Besucher ein Stein – größer als ein Medizinball – gezeigt, der den Einheimischen nach wie vor als der ›Nabel der Welt‹ gilt. Er liegt am Ufer der Nordostküste und ähnelt einem Miniaturglobus. Seine Oberfläche ist glatt geschliffen und nur unterhalb des ›Äquators‹ an einer Stelle leicht verwittert (Abb. 2, 52).

Die Insel heute

Seit der Entdeckung Rapa Nuis durch seefahrende Europäer im 18. Jh. (s. S. 46) wurden allmählich weitere Nutztierarten wie Schweine, Schafe, Rinder oder Pferde sowie zusätzliche Nutzpflanzen auf die Insel gebracht. Heute ist die Selbstversorgung der Bevölkerung im Hinblick auf die Grundbedürfnisse gewährleistet, doch alle darüber hinausgehenden Nahrungs- oder Genußmittel müssen vom Festland eingeführt werden.

Zur Zeit leben wenig mehr als 2000 Menschen auf der Osterinsel, von denen 70 % als Nachfahren der Ureinwohner gelten. Die Bevölkerung spricht untereinander nicht die offizielle Amtssprache Spanisch, sondern einen polynesischen Dialekt.

Von wenigen Ausnahmen abgesehen wohnen die Menschen von Rapa Nui in dem einzigen Ort der Insel, Hanga Roa. Die Anlage Hanga Roas ist am treffendsten mit dem Begriff Streusiedlung zu beschreiben (Plan S. 161). Ausnahmslos eingeschossige Häuser stehen in oft weiten Abständen voneinander an den unbefestigten Wegen. Sie spiegeln deutlicher als alles andere die weiterhin herrschende Armut wider. Dennoch hat der für uns so selbstverständliche Fortschritt der Zivilisation auch hier Einzug gehalten. Elektrizitäts- und Wasserversorgung erleichtern das tägliche Leben, neben der örtlichen Verwaltung samt Polizeistation gibt es eine Schule, ein kleines Hospital, die Kirche, das neue Museum sowie eine Bank, einige Hotels und natürlich den Flughafen, Aeropuerto Mataveri, den eine Grandstraße mit dem nahegelegenen Ort verbindet. Die übrigen Fahrstraßen, die sich in einem Rundkurs mit einigen Abzweigungen auf der südlichen Inselhälfte erschöpfen, verdienen jedoch zum Teil eher die Bezeichnung Feldweg. Als Fahrzeuge haben sich deshalb insbesondere Jeeps bewährt. Die nördliche Inselspitze kann nur über Pfade erwandert oder zu Pferd erreicht werden.

Der bescheidenen Infrastruktur Rapa Nuis entspricht das Erwerbsleben. Neben landwirtschaftlicher Produktion für den Eigenbedarf besteht eine staatliche Rinderfarm mit 2 000–2 500 Tieren. Sie umfaßt 42 % der Inselfläche. Die Fischerei wird trotz der insularen Vorteile relativ wenig betrieben, ist nur auf den einheimischen Verbrauch zugeschnitten. Örtliche Handwerksbetriebe, eine kleine Werft und ein rudimentäres Dienstleistungsgewerbe ergänzen die schmale Palette des Beschäftigungsangebots.

Zunehmende Bedeutung gewinnt der – wenn auch immer noch bescheidene – Tourismus. Die Osterinsel bietet zwar dem kunstinteressierten Individualisten viel, dem sonnen- und strandhungrigen Vergnügungsreisenden hingegen nichts. Dennoch offerieren einige Hotels und Privatquartiere den Besuchern Unterkunft. Der Tourismus erschließt damit vielen Einheimischen zusätzliche Arbeits- und Verdienstmöglichkeiten. Hinzu kommt ein intensives, aber nur zum Teil qualitativ befriedigendes Kunsthandwerk. Vornehmlich werden Reproduktionen früherer Kultfiguren und -gegenstände angefertigt und feilgeboten.

Die Einheimischen begegnen dem Fremden außerordentlich offen, freundlich und hilfsbereit, obwohl gerade eine prüfende Zurückhaltung geschichtlich begründet wäre – wurden die Vorfahren der heutigen Bewohner doch noch im letzten Jahrhundert von Sklavenhändlern verschleppt, von Walfängern drangsaliert und von auswärtigen Schafzüchtern ghettoisiert. Stets brachten Fremde Krankheiten, Nöte, Bevormundung und Abhängigkeit. Noch bis in die jüngste Vergangenheit entschied ein von der Zentralregierung in Chile eingesetzter Gouverneur alle Fragen und Probleme der Insel – gleichgültig, ob sie den militärischen oder zivilen, den wirtschaftlichen, juristischen oder kulturellen Sektor betrafen. Die Militärverwaltung beschnitt die Rechte der einheimischen Bevölkerung beträchtlich. Die Bevormundung nahm schließlich demütigende Formen an und reichte von der Verweigerung einer Teilnahme an den Präsidentschaftswahlen bis hin zu Ausgehverboten und Sperrstunden.

So wurde der Ruf nach Unabhängigkeit der Insel in den 60er Jahren immer lauter. In ihrer Bedrängnis verfaßten die Osterinsulaner einen offenen Brief an den Präsidenten der Republik, in dem sie die Zustände auf Rapa Nui anprangerten. Diese Petition zeigte endlich Erfolg. Im Jahre 1966 erhielt die Osterinsel den Status eines *departamento* der Provinz Valparaiso. Eine Zivilverwaltung löste die Militärverwaltung ab. Die Bevölkerung wählte den jungen Lehrer Alfonso Rapu in öffentlicher Wahl zum Bürgermeister. Zu gleicher Zeit setzte – begünstigt durch den Flugplatzbau und dessen Anbindung an das Streckennetz der LanChile – eine Öffnung für Touristen ein. Ein spürbarer Anstieg des insularen Lebensstandards war die Folge. Der intensive Kontakt mit dem Festland fördert aber auch den Wunsch vor allem junger Insulaner, zumindest für eine Weile dorthin zu gehen, sei es um eine weiterführende Schule in Santiago zu besuchen oder um Geld zu verdienen. Die Landflucht wird kaum aufzuhalten sein.

Einzig die römisch-katholische Kirche hat sich, wenngleich mit polynesischer Einfärbung, auf Rapa Nui etabliert. Sie hat es verstanden, Symbole der autochthonen Glaubenswelt (s. S. 40) zu adaptieren. Als sichtbares Zeichen hierfür enthält das Kirchenschiff von Hanga Roa mehrere einheimische Holzschnitzereien, beispielsweise eine Marienstatue: Maria trägt auf ihrer linken Schulter das Jesuskind, ihr Haupt schmückt ein mit Halbkugeln gezierter Stirnreif, aus dem ein aufrechtstehender Vogel mit gespreizten Flügeln emporsteigt. Er entspricht den Vogelsymbolen des Makemake-Kults vom Orongo-Felsen (s. S. 96, 135). Christus selbst ist mit der Krone der polynesischen Edlen dargestellt. Neben der Marienfigur steht ein ›Vogelmann‹, das Abbild früherer Priester

3   Der ›Vogelmann‹ aus der Kirche von Hanga Roa (Zeichnung: H. Gatermann)

und Mittler zwischen dem Gott Makemake und den Menschen. Er hebt gleichsam segnend seine Flügel, und den langschnäbligen Vogelkopf bedeckt ein Nimbus. Aus der Taille des ›Vogelmanns‹ ragen sieben lange, spitze Stäbe hervor. Schulterüberwurf und bodenlange Oberbekleidung hingegen entsprechen dem Habit katholischer Geistlicher. Beide Figuren sind naturfarben belassen und poliert. Ein seltenes Beispiel religiöser Toleranz.

Die Besiedlungsgeschichte

Primär ist festzuhalten, daß die Immigration der Ureinwohner in einer für die Osterinsel mythologischen Zeit erfolgte. Kein Dokument berichtet hierüber, keine Inschrift erteilt Auskunft – auch in den mündlichen Überlieferungen geben Legenden nur Einblick in die Phase der Inselgeschichte, die mit der Ankunft Hotu Matuas begann. So nimmt es nicht wunder, wenn Theorien und Interpretationen oft weit auseinanderklaffen. Besonders deutlich tritt die Meinungsvielfalt in der Frage der ethnischen Zugehörigkeit der Erstsiedler zutage.

Zwischen den Osterinsel-Forschern besteht weder Einigkeit darüber, woher die ersten Siedler kamen, noch ob die Immigration in Form einer Mono- oder Multibesiedlung erfolgte. Zwei Thesen stehen einander diametral gegenüber: Orten die einen die Heimat der Ureinwohner östlich in Südamerika, so vermuten die anderen ihre Herkunft aus dem westlich gelegenen zentralpolynesischen Bereich der Marquesas oder der Gesellschaftsinseln. Die Vertreter beider Richtungen untermauern ihre Thesen mit durchaus einsichtigen Interpretationen verschiedenartiger Belege, sind einen endgültigen Beweis bislang allerdings schuldig geblieben.

Ähnlich verhält es sich mit der Frage des Zeitpunkts der Besiedlung. Zunächst glaubte man, die Immigration fand im Rahmen einer einmaligen Anlandung im 14. Jh. statt. Erst 1955 gelang es Thor Heyerdahl im Verlauf seiner Expedition, eine größere geschichtliche Tiefe der Osterinsel-Kultur nachzuweisen. Spuren menschlicher Existenz auf dem Eiland führten bis ins 5. Jh. zurück. Heyerdahl postulierte daraufhin eine Theorie der Mehrfachbesiedlung, die, wenngleich mit unterschiedlichen geographischen Ausgangspunkten, auch von anderen Forschern aufgegriffen wurde.

Einige Wissenschaftler hielten jedoch an der These einer Monobesiedlung fest. Allerdings setzten sie diese nun weit früher an als ehedem. Ihrer Ansicht nach erfolgte die Einwanderung um 400–500 n. Chr. von den polynesischen Inseln. Danach soll sich die Kultur der Osterinsel eigenständig und ohne äußere Einflüsse aus dem bescheidenen protopolynesischen Erbe entwickelt haben.

Unter Würdigung der zur Zeit bekannten Fakten scheint sich folgende Chronologie herauszuschälen: Nach übereinstimmender Meinung gelangte etwa im 5. Jh. eine erste Siedlergruppe auf die Osterinsel, die je nach individueller Theorie aus Südamerika oder Polynesien stammte (s. S. 22). Sie entwickelte in der insularen Isolation eine beachtliche Steinmetzkunst. Die Befürworter der Einwanderung aus Südamerika halten eine zweite Besiedlungswelle um 1100 n. Chr. für wahrscheinlich, welche neue Impulse in der Steinbearbeitung setzte, die künstlerische Aussage veränderte und die Phase der *moai,* der monolithischen Großskulpturen, begründete.

Um 1350 n. Chr. gelangte ein polynesischer Stamm unter Führung des legendären Häuptlings Hotu Matua auf die Insel (s. S. 27). Zunächst lebten die frühen Siedler und die Neuankömmlinge kooperativ zusammen. Die Nachfahren Hotu Matuas verstärkten jedoch im Laufe der Zeit ihren Einfluß. Es brachen erbittert geführte Kämpfe um die Vormachtstellung aus. Schließlich mündeten die Stammeskriege am Ende des 17. Jh. in die Entscheidungsschlacht am Fuße der Halbinsel Poike (s. auch S. 34 ff.). Die Urbevölkerung wurde besiegt und fast vollständig ausgerottet – mit ihrem Niedergang endete zugleich die Blütezeit dieser einmaligen Kultur. Von nun an dominierten die Nachfolger der polynesischen Einwanderer um Hotu Matua, die als die Ahnen der heutigen Bevölkerung gelten.

Ausgehend von der Heyerdahlschen Theorie einer Erstbesiedlung von Südamerika aus, wird im folgenden die unterschiedliche Interpretation von Kulturmerkmalen beschrieben und die Problematik einer einwandfreien Bestimmung der Herkunft der ›Ur‹-Osterinsulaner verdeutlicht.

Die Frage der Erstbesiedlung

Folgt man jenen Forschern, die südamerikanische Kolonisatoren als Erstsiedler im 4. oder 5. Jh. vermuten und eine zweite Einwanderungswelle aus diesem Raum für das 11. oder 12. Jh. annehmen, so bedeutet dies: Dem Wirken der ersten südamerikanischen Einwanderer sind die Kultplattformen aus großformatigen Quadern, die frühen Steinskulpturen sowie die an einigen Stellen ins Meer führenden gepflasterten Rampen zuzuschreiben. Ebenfalls südamerikanische Siedler, nämlich der zweiten Gruppe, schufen die meisten der heute erhaltenen Großskulpturen (*moai*).

Exponent dieser Richtung ist der norwegische Forscher Thor Heyerdahl. Er untermauerte seine Theorie durch den spektakulären Beweis, daß die Fahrt von Südamerika über die Weiten des Pazifik entgegen aller Behauptungen von Fachgelehrten mit einem einfachen Floß möglich ist. 1947 stach er mit der Kon-Tiki, dem weitgehend naturgetreuen Nachbau eines Balsaholz-Floßes, wie es vor mehr als 1000 Jahren in Südamerika als Fortbewegungsmittel zu Wasser üblich war, in See. Nach 101 Tagen erreichte das Fahrzeug mit seiner sechsköpfigen Besatzung ohne fremde Hilfe, nur getrieben vom Passat und vom Humboldtstrom, die kleine polynesische Insel Raroia im Tuamotu-Archipel. Heyerdahl hatte damit zwar nicht den Beweis einer Kulturübertragung von Südamerika auf die Osterinsel erbracht, wohl aber deren technische Möglichkeit.[1] 1955/56 versuchte er, seine Thesen während eines einjährigen Aufenthalts auf der Osterinsel durch Grabungen und Experimente zu festigen.

Die These einer Einwanderung von dem südamerikanischen Subkontinent basiert hauptsächlich auf der vergleichenden Betrachtung

---

1   Entgegen Heyerdahls Deutung seiner Seereise als Indiz für die Möglichkeit, die Osterinsel getragen von Winden und Strömungen von Südamerika aus zu erreichen, weisen andere Autoren (V. I. Voitov, D. D. Tumarkin) allerdings darauf hin, daß zwar die Bedingungen günstig sind, sich von Südamerika zu den Tuamotus oder den Marquesas treiben zu lassen, nicht aber, um zur Osterinsel selbst zu gelangen.

noch heute hüben wie drüben erhaltener Kulturexponate, wie etwa der monolithischen Großfiguren. Auch wenn eine direkte Übereinstimmung im Aussehen der Kolossalstatuen nicht gegeben ist, weist der amerikanische Raum von Mexiko über Guatemala und Panama auf dem Isthmus und weiter von Ecuador über Peru bis Bolivien in Südamerika doch eine Vielzahl überdimensionaler Steinplastiken auf. Man denke nur an die 6–25 t schweren Olmekenköpfe an der Golfküste Mexikos, an die über 300 Statuen von San Agustín in Kolumbien mit Größen bis zu 5 m Höhe oder an die Monolithe Tiahuanacos in Bolivien. All diesen Zeugen einer unbekannten Vergangenheit ist zudem gemeinsam, daß sie über Entfernungen von vielen Kilometern transportiert wurden. Ebenso geschah es auf der Osterinsel, wo die Werke einer Megalithkultur in großer Zahl vorhanden sind. Nach Westen hin, im polynesischen Bereich, nimmt die Häufigkeit großformatiger Steinskulpturen hingegen ständig ab. Dennoch sind auch hier ähnliche Objekte zu finden. Erinnert wird an die über 2 m hohen steinernen *tiki* auf den Marquesas-Inseln Hiva Oa und Nuku Hiva, an die monolithischen Figuren der Tubuai-Inseln oder an die fast 3 m hohe Skulptur im Garten des Gauguin-Museums auf Tahiti, die von der Insel Raivavae stammt.[1]

Eine erheblich größere Übereinstimmung zwischen prähistorischen Inselbauwerken und solchen in Südamerika zeigen einige Mauerreste von Kultplattformen. So besteht beispielsweise eine Seite des *ahu* von Vinapu aus Basaltblöcken von mehreren Tonnen Gewicht, die so exakt behauen worden sind, daß sie sich fugenlos aneinanderfügen. Diverse andere *ahu*-Mauern bezeugen, wenn-

---

1 Die stilistische Ähnlichkeit zwischen Megalithfiguren aus dem polynesischen Raum im allgemeinen und der Osterinsel ist recht gering, aber ebenso ist die Abweichung zu den südamerikanischen Skulpturen auffällig. Der Forscher A. Métraux zieht daher sogar eine Übertragung von Holzschnitzfertigkeiten auf die Steinbearbeitung in Betracht: Polynesische Siedler hätten mangels Baumbewuchs ihre Skulpturen in Stein geschlagen.

So bleibt schließlich ein wissenschaftlicher Streit bestehen, in dem immer wieder neue Fakten, neue Untersuchungen unterschiedlich interpretiert und zur Untermauerung der persönlichen Theorie eines Forschers herangezogen werden.

gleich nicht in der Perfektion des Ahu Vinapu I, daß dieses Konstruktionsmerkmal auf der Osterinsel während einer bestimmten Phase durchaus üblich war. Die Übereinstimmung mit Bauwerken in Südamerika ist geradezu verblüffend; man denke nur an die Mauern von Tiahuanaco in Bolivien oder Cuzco, Machu Picchu oder Ollantaytambo in Peru. Hier wie dort stimmen die Qualität der Steinmetzarbeit, die Behandlung des gebrochenen Rohmaterials sowie die Fugenausbildung mit der typischen Verwendung exakt eingepaßter Zwickelsteine bis ins Detail überein. In der pazifischen Inselwelt ist diese Baukunst nur sporadisch zu finden.[1] Erwähnenswert sind die 3–4 m hohen monolithischen Säulen mit ihren gewaltigen Halbkugelkapitellen auf den Marianen oder die mehrstufigen Grabpyramiden auf den Tonga-Inseln. Sie entbehren jedoch wichtiger Charakteristika des Gestaltungsprinzips und weichen somit erheblich von den Bauwerken der Osterinsel ab.

Als weiteres Indiz einer Einwanderung aus Südamerika führt Heyerdahl Wandmalereien in den Höhlenräumen von Orongo an. Heyerdahl entdeckte Abbildungen mehrerer Schilfboote mit Mast, von denen eines Wanten und ein großes viereckiges Segel besitzt. Die sichelförmigen Boote entsprechen in ihrer Form jenen, die südamerikanische Indianer seit Urzeiten verwenden und die noch heute auf dem Titicaca-See anzutreffen sind. Eine Ähnlichkeit mit polynesischen Auslegerkanus besteht jedoch nicht. Seine Deutung untermauerte Heyerdahl mit dem Vorhandensein von *totora*-Schilf auf der Osterinsel, einer Binsenart, die sowohl am Titicaca-See als auch in den Sümpfen nahe der peruanischen Küstenwüste vor-

---

1 K. B. Emory schreibt in seiner Arbeit über die Stellung der Osterinsel in der Frühgeschichte Polynesiens, daß die exakte Paßform des Mauerwerks – etwa des Ahu Vinapu I – zwar als Indiz für andine Einflüsse gesehen wird, der Grundriß der Plattformen aber keinesfalls dem andiner Tempel entspricht, sondern vielmehr den ostpolynesischen *marae*.
   Darüber hinaus findet sich bei J. Golson, in seiner Diskussion der Heyerdahlschen Theorie zur Osterinsel, ein Hinweis darauf, daß Ahu Vinapu II älter als Vinapu I sein könnte, womit die Hervorhebung des regelmäßigen Mauerwerks von Vinapu I zur Stützung der These der Erstbesiedlung aus Südamerika weniger stichhaltig wird – das Mauerwerk von Vinapu II ist entschieden unregelmäßiger gefugt und behauen.

5 *totora*-Schilf auf dem Kratersee des Rano Raraku

kommt, und aus der die traditionellen Schilfboote hier wie dort angefertigt werden.

Ferner werden Mythen zur Festigung der Theorie einer Kultur-übertragung von Südamerika auf die Osterinsel herangezogen. Nach Inka-Sagen soll ein hellhäutiges Volk von weißen und bärti-gen Männern im Hochland von Peru gewirkt haben. Von ihnen wird erzählt, sie durchlöcherten sich ihre Ohrläppchen, beschwer-ten sie und zögen sie so künstlich in die Länge. Man gab ihnen deshalb den Beinamen ›Langohren‹. Und es waren eben diese ›Langohren‹, die im Anden-Hochland jene kolossalen Steinblöcke von vielen Tonnen Gewicht bearbeiteten, transportierten und zu gigantischen Bauteilen zusammenfügten. Indianer berichteten den spanischen Konquistadoren, die Bau- und Kultwerke hätten schon lange vor dem Beginn der Inka-Herrschaft bestanden, und das legendenumwobene Volk ihrer Baumeister sei in der Schlacht auf einer Insel im Titicaca-See vernichtend besiegt, ausgerottet oder vertrieben worden. Ein Rest der hellhäutigen ›Langohren‹ sei dann unter seinem Anführer Con Tiki an die Küste des Pazifischen Ozeans geflohen und auf Balsaflößen auf das Meer hinausgefahren.

Nach Heyerdahl fällt diese Flucht zeitlich mit dem Einsetzen der Megalithkultur auf der Osterinsel zusammen.

Zur Bestätigung der Annahme, ein weißhäutiger Stamm habe auf der Osterinsel Fuß gefaßt, zitiert Heyerdahl Pater Sebastian Englert. Dieser war zutiefst davon überzeugt, daß zwei verschiedene Volksstämme mit völlig voneinander abweichenden Kulturen auf die Osterinsel gekommen seien. Er berichtet von Überlieferungen der Einheimischen, nach denen in alter Zeit viele ihrer Vorfahren weiße Haut, rotes Haar und blaue Augen gehabt hätten. Selbst während Englerts Wirken auf der Insel wiesen etliche Bewohner noch deutliche Spuren eines weißen Rasseneinschlags auf. Ähnliche Beobachtungen machten auch die ersten historisch belegten Europäer (s. S. 46 ff.), die den Fuß auf die Insel setzten.

Die Tatsache als solche, daß neben anderen auch auffallend hellhäutige Menschen auf der Osterinsel lebten, ist, zieht man die Niederschriften der früheren Berichterstatter Roggeveen und Gonzáles heran, kaum strittig. Doch das Woher dieser Individuen regte stets die Phantasie der Forscher an. Es ist durchaus legitim, in den hellhäutigen Menschen die Reste einer von der polynesischen Bevölkerung abweichenden Einwanderergruppe zu sehen, um eine bestimmte Theorie zu untermauern. Diese Möglichkeit soll auch nicht bestritten werden, dennoch darf eine naheliegende Erklärung des Phänomens nicht unbeachtet bleiben:

Im November 1520 durchstieß der Portugiese Fernando Magellan als erster Europäer die nach ihm benannte Seeverbindung vom Atlantik zum Pazifik am Südende des amerikanischen Doppelkontinents. Er durchquerte den Pazifischen Ozean unter verlustreichen Strapazen von Ost nach West. Doch als sein Schiff, die Victoria, am sechsten September 1522 nach dreijähriger Weltumseglung den Heimathafen wieder erreichte, zählte Magellan nicht zu den nur 18 Überlebenden. – Bereits Mitte 1525 brach Garcia de Loaysa mit sieben Schiffen und 450 Mann Besatzung auf, um auf den Spuren Magellans die Südspitze Amerikas zu umfahren, in den Pazifik vorzustoßen und die Molukken von Osten zu erreichen. Von Unbill verfolgt, fiel das Geschwader auseinander. Loaysa selbst und die Mehrzahl seiner Seeleute fanden den Tod oder galten als verschollen. Nur 40 der Besatzungsmitglieder erreichten mit einem einzigen Schiff am ersten Januar 1527 die Molukken-Insel

Tidore. – Dieses sind nur zwei der historisch belegten Schiffsbewegungen im südlichen Teil des Stillen Ozeans. Zweifellos hat es darüber hinaus viele unbekannte und deshalb weniger spektakuläre Vorstöße in die Weiten des Pazifik gegeben, auch solche, die tragisch endeten und deren Seeleute nie zurückkehrten. Nicht vergessen werden dürfen in diesem Zusammenhang die Kaperfahrten. Die wendigen Piratenschiffe folgten den Kauffahrern im Atlantik und im Pazifischen Ozean wie ein Schwarm Raubfische, und nicht selten endete die Jagd mit dem Untergang des verfolgten Schiffes. So ist es nicht unmöglich, daß Schiffbrüchige die Osterinsel weit vor Roggeveen zufällig entdeckten, dort Zuflucht fanden und sich im Laufe der Zeit mit der Inselbevölkerung vermischten. Ihre Nachfahren erbten die helle Haut, das blonde Haar, die blauen Augen der europäischen Väter. Vielleicht liegt hierin die Erklärung für die Beobachtungen der frühen Entdecker.

Die Einwanderung des Hotu Matua

Analysen der Legenden und Mythen sowie linguistische Vergleiche sind die Hauptstützen der Forscher, die eine alleinige Besiedlung Rapa Nuis von Polynesien aus vertreten, wobei – abgesehen von Mythen über die Entstehung der Insel – der Handlungsrahmen der überkommenen Legenden erst mit dem Eintreffen der späten Einwanderungswelle im 14. Jh. einsetzt. Zweifellos sind die mündlichen Überlieferungen von immensem Wert für die Geschichtsforschung, dennoch darf nicht vergessen werden, daß auch bei einer noch so sorgfältigen Weitergabe der Mythentexte verändernde Überhöhungen, Auslassungen oder subjektive Deutungen nicht auszuschließen sind. Im Laufe der Zeit auftretende Abweichungen von der Urform können dadurch erheblich sein, und es ist müßig, um Auslegungsdetails zu feilschen oder dieser oder jener Wortwahl eine übersteigerte Bedeutung beizumessen. Zu bedenken ist außerdem, daß Sklavenjäger die kulturtragende Elite der späten einheimischen Bevölkerung um 1862 fast vollständig verschleppten. Die meisten von ihnen verstarben im Ausland, und die wenigen

Zurückgekehrten wie auch eine große Anzahl der von dem gewaltsamen Exodus verschonten Insulaner fielen kurz darauf einer eingeschleppten Pockenepidemie zum Opfer. So konnten stammesinterne Überlieferungen nur von Erzählern, die mit der Geschichte weniger vertraut waren, an die folgende Generation weitergegeben werden.

Später erlernten die Einheimischen durch den Kontakt mit Europäern, vornehmlich mit Missionaren und Händlern, das europäische Alphabet. Sie benutzten es, um Legenden der Vorzeit in ihrem Idiom niederzuschreiben. Diese zu Beginn unseres Jahrhunderts – also relativ spät – entstandenen Manuskripte sowie von alten Osterinsulanern mündlich berichtete Überlieferungen bilden die Grundlage unseres Wissens um die Vergangenheit der Bevölkerung von Rapa Nui.

Dem Aufspüren von Legenden der Osterinsel haben sich besonders gewidmet: der Kapuzinerpater Sebastian Englert, der während

6   Gestade der Osterinsel

seines 30jährigen Inselaufenthalts vieles dem Schweigen entriß; Fritz Felbermayer, der den auf Rapa Nui gesprochenen polynesischen Dialekt fließend beherrschte, in diversen Reisen die Insel besuchte und eine Sammlung der dortigen Sagen niederschrieb; sowie der Tübinger Ethnologe Thomas S. Barthel, der 1957 mehrere Monate auf der Insel lebte und dem es möglich war, viele Mythen aufzuzeichnen.

Der Sage nach übertrug der auf der zentralpolynesischen Insel Maori Nuinui regierende König Taane Aroi die Regentschaft seinem Sohn Hotu Matua. Dieser erkannte, daß ihr insularer Lebensraum langsam im Meer versank und sah als einzige Überlebensmöglichkeit die Emigration. Eine andere Version berichtet von einem Bruderstreit, in dem Hotu Matua unterlag. Nach herrschender Tradition wurde aber die besiegte Partei zur Auswanderung über See gezwungen. Beide Annahmen erscheinen durchaus plausibel, sowohl der Untergang eines Eilands wie auch der Auszug eines Teils der für den begrenzten Lebensraum zu groß gewordenen Bevölkerung.

Doch alle bekannten Inseln der Umgebung waren bereits bewohnt und boten den Flüchtlingen keinen Raum. In dieser ausweglosen Situation führte der Stammesgott Makemake den Priester Hau Maka im Traum auf eine ferne Insel. Er ließ ihn das Eiland in äußerst detaillierter und wirklichkeitsnaher Form erkennen, empfahl die Besiedlung und sicherte seine Hilfe für dieses Unterfangen zu. Der reale Vorgang der Entdeckung und Inbesitznahme der Osterinsel wurde so auf einer visionären Ebene vorweggenommen. Der Priester berichtete seinem König von der Traumreise, pries das Land als besser denn ihr jetziges und als die Insel, die ihre neue Heimstatt werden könnte.

Dem Traum folgte die Erkundung der Wirklichkeit. Hotu Matua sandte sieben Männer als Kundschafter über See und befal ihnen, die Insel zu finden, sie zu prüfen, einige Pflanzungen anzulegen und eine gewisse Zeit dort zu verweilen. Die Späher fuhren gegen die aufgehende Sonne und entdeckten nach 30 Tagen das beschriebene Eiland. Doch sie trafen dort auch einen Menschen, der berichtete, ein weiterer sei kurz zuvor gestorben. Außerdem stießen sie auf bereits bestehende Yamsanpflanzungen am Rano Kau.

Hier wird die Vermutung bestärkt, daß Hotu Matuas Krieger nicht die ersten Kolonisatoren der Osterinsel waren. Setzt man den Wahrheitsgehalt der überlieferten Botschaft voraus, bieten sich zwei Erklärungen an. Zum einen kann der Angetroffene ein Schiffbrüchiger gewesen sein, der mit einem zweiten Seefahrer auf der Insel Schutz gefunden hatte. Nimmt man die Zahlenangaben jedoch nicht wörtlich oder ersetzt man das Substantiv Mensch durch Stamm, kann es sich andererseits um Teilnehmer oder Nachfahren einer früheren Einwanderungswelle gehandelt haben. Hierfür sprechen zudem die schon bestehenden Yamskulturen. So schließt sich der Erkenntniskreis einer Mehrfachbesiedlung. Die Einwanderung erfolgte in mehreren Etappen, wobei sich die bereits bestehende Kultur mit der neuen Kultur des polynesischen Einwandererstammes um Hotu Matua überlappte.

Als die ausgesandten Männer nach ihrer Rückkehr von der Entdeckung der als Vision geschauten Insel berichteten – in anderen Quellen heißt es: obwohl die Kundschafter nicht zurückkamen – brach Hotu Matua mit seinem Volk in zwei riesigen Booten zur Übersiedlung auf. Die Boote galten als fast unsinkbar. Sie reckten Bug und Heck in Form eines Entenhalses hoch empor. In einem der Schiffe fuhr der König mit 300 ausgewählten Männern, das andere war der Königin mit ihren Frauen vorbehalten. Darüber hinausgehende Zahlenangaben, die von 2 500 Menschen als Besatzung der zwei Schiffe wissen wollen, dürfen als übertrieben gelten, besonders wenn man bedenkt, daß sich zu den Übersiedlern noch Haustiere gesellten und neben Werkzeugen sowohl Nahrung und Frischwasser für die Überfahrt als auch Saatgut für die neuanzulegenden Felder transportiert werden mußte.

Daß derartige Seereisen möglich waren, hatten die Menschen der Südsee zur Genüge bewiesen. Seit dem Aufbruch aus ihrer Urheimat im Südosten Chinas, von wo sie auf Druck von Norden einfallender Völker vor etwa 4 000 Jahren weichen mußten und via Indonesien ostwärts vorstießen, wurden die zurückgelegten Strecken immer länger, die Navigation immer schwieriger und zweifellos die Ausfälle auch immer größer. Um 1400 v. Chr. erreichten die Wagemutigsten die Tonga-Inseln und um 1100 v. Chr. Samoa und damit den Westzipfel des heutigen Polynesiens. Eine zentrale Bedeutung kommt den Marquesas und den Gesellschaftsinseln zu, die im zweiten vorchristlichen Jahrhundert von Samoa aus besiedelt wurden. Von ihnen erfolgte kurz nach der Zeitenwende die Kolonisierung Hawaiis und in zwei Einwanderungswellen um 1000 und 1350 die Eroberung Neuseelands.

Für die weiten Fahrten über das Meer verwendeten die Polynesier Doppelrumpf-Boote, einem Katamaran ähnlich, mit Mattensegeln und zwei Decks ausgerüstet. Ihre Länge betrug maximal 40 m und ihre Breite 10 m. Die größten vermochten 200–300 Personen aufzunehmen. Boote mit einer durchschnittlichen Länge von 20 m boten immer noch 40–70 Menschen samt ausreichenden Nahrungsmittelvorräten Platz. Ihre Geschwindigkeit lag im offenen Meer bei 13–17 Knoten. Mit solchen Langschiffen, deren Masten und Planken aus Holz, deren Segel aus Pandanus-Blättern und deren Verschnürung und Tauwerk aus Pflanzenfasern bestanden, stach Hotu Matua in See. Besonders hervorzuheben ist noch die Kunst der Navigation, die diese ›Wikinger der Südsee‹ meisterhaft beherrschten und die auf den genauen Kenntnissen der Gestirne, des Windes und der Meeresströmungen beruhten.

Nach übereinstimmender Annahme erfolgte die Inbesitznahme der Osterinsel durch den polynesischen Stamm des Hotu Matua im 13. oder 14. Jh. Er erreichte das Eiland nach einer sechswöchigen Seereise – die verschiedenen Quellen geben Fahrzeiten bis zu 120 Tagen an – und landete mit zwei Schiffen in der Bucht von Anakena (Farbabb. 9). Nach der Landung zogen die Einwanderer die Boote an Land, zerlegten sie und verwendeten das Holz zum Bau der ersten Häuser. Hotu Matua wies jedem ein Stück Land zur Besiedlung zu, händigte ihm seinen Teil an den mitgebrachten Pflanzen und Tieren aus, und man begann, die Insel zu kolonisieren. Es folgten entbehrungs- und arbeitsreiche Jahre, doch danach warfen die angelegten Felder ausreichenden Ertrag für die allmählich wachsende Bevölkerung ab.

Die Überlieferung berichtet weiter: Als König Hotu Matua das Ende seines Lebens nahen fühlte, rief er seine vier Söhne zu sich, segnete sie und teilte das Inselland unter ihnen auf. Danach sprach er ein letztes Mal zu seinem Volk, wanderte den steilen Pfad nach Orongo empor, blickte über das Meer in Richtung Hiva und starb. Damit war seiner Seele der Weg zur Rückkehr in die Heimat seiner Väter gewiesen. – Hier besteht eine verblüffende Parallelität zu den

Legenden der Maori Neuseelands. Nach deren Vorstellung wandern die Seelen der Verstorbenen über das Land der Doppelinsel bis an deren nördlichsten Punkt, Cape Reinga. Von hier aus schweben sie sodann über dem Wasser des Meeres nach Hawaiki, der sagenhaften Herkunftsinsel der ersten Einwanderer.

›Langohren‹ und ›Kurzohren‹

Nach verbreiteter Ansicht sind die heutigen Bewohner Rapa Nuis Nachfahren der späten aus Polynesien stammenden Einwanderungswelle und somit nicht die Enkel der frühen insularen Kulturträger. Doch wer schuf dann die monolithischen Kolossalstatuen, die steinernen Altarplattformen? Nach den Legenden zeichnen hierfür Angehörige eines Volkes oder einer Kaste verantwortlich, die nach ihrer Eigenart, die durchbohrten Ohrläppchen mittels schwerer Gewichte künstlich zu verlängern, *Hanau Eepe,* ›Langohren‹, genannt wurden (Abb. 7, 13). Zur Unterscheidung der beiden unterschiedlichen Volksgruppen hat es sich eingebürgert, die ›normalohrigen‹ Einwohner als *Hanau Momoko,* ›Kurzohren‹, zu bezeichnen. Der Vollständigkeit halber soll darauf hingewiesen werden, daß die Übersetzung der Namen der zwei antagonistischen Gruppen nicht eindeutig ist. Nach Englert heißt *momoko* ›*puntiagudo*‹ und *eepe* ›*corpulento*‹. Danach wäre *hanau momoko* mit die ›Dünnen‹ und *hanau eepe* mit die ›Stämmigen‹ oder ›Korpulenten‹ zu übersetzen. Im folgenden wird jedoch die allgemein gebräuchliche Bezeichnung ›Kurzohren‹ und ›Langohren‹ verwendet.

Die Überlieferungen der Osterinsulaner widersprechen einander nirgends so sehr wie in den Angaben, die sich mit der Abstammung und Zugehörigkeit der ›Langohren‹ befassen. Sie wollen von einem früheren, gleichzeitigen oder gar späteren Eintreffen als dem des Stammes um Hotu Matua wissen, orten ihre Heimat sowohl in Asien oder Polynesien wie auch in Südamerika, sehen in den geheimnisvollen Fremden Angehörige einer hellhäutigen, ja weißen

7 ›Langohr‹-Mann mit traditioneller Federkrone. Nach einem Stich von W. Hodges. Aus: Stephen-Chauvet, »L'Ile des Pâques et ses Mystères«, Paris 1935

Rasse, einer frauenlosen Schar ohne Stammesführer oder Polynesier der führenden Kaste. Einigkeit herrscht lediglich in der Beschreibung der Ohrendeformation, wie auch darin, in ihnen die Schöpfer der uns heute noch faszinierenden Osterinsel-Kunst mit den Exponaten einer einmaligen Megalithkultur zu erkennen.

Wahrscheinlich trafen die ›Langohren‹ früher als die späten polynesischen Einwanderer auf der Insel ein. Dabei ist es relativ unwichtig, ob sie aus Polynesien kamen, wie viele Forscher annehmen, oder aus Südamerika, wie es die Gruppe um Heyerdahl sieht. Zu ihnen stieß im 14. Jh. der Stamm des Hotu Matua.

Schufen die ›Langohren‹ bereits früher monolithische Skulpturen und Altarplattformen, so bot ihnen der Bevölkerungszuwachs nunmehr die Möglichkeit zu einem vermehrten Schaffen. Sie nahmen die Neuankömmlinge auf, wiesen ihnen Siedlungsflächen zu und verlangten dafür Hilfe etwa bei der Feldarbeit oder beim Fischfang. Die ›Langohren‹, bestrebt, immer mehr und größere *moai* aufzustellen, setzten schließlich die ›Kurzohren‹ auch bei vielen direkten und indirekten Hilfeleistungen für die Errichtung der *ahu* sowie zur Produktion der Statuen ein. Leisteten die ›Kurzohren‹ die geforderten Arbeiten anfänglich bereitwillig, um die gemeinsame Lebensexistenz zu sichern, so mögen sie die erhöhten Anforderungen zunehmend als Fron empfunden haben. Hinzu kam eine immer prekärer werdende Versorgungslage, ausgelöst durch ein zu starkes Bevölkerungswachstum. Die Notwendigkeit, zusätzliche Anbauflächen für Nahrungsmittel zu schaffen, veranlaßte schließlich die führenden ›Langohren‹, durch eine großangelegte Aktion das landwirtschaftliche Potential zu vergrößern: Es galt, die neuen Flächen – zunächst das Poike-Plateau – von umherliegenden Lavabrocken zu säubern. Einer Überlieferung nach sollen die ›Lang‹- den ›Kurzohren‹ befohlen haben, jeden Stein an den Klippenrand zu tragen und ins Meer zu werfen, was dann den Aufstand der Hanau Momoko auslöste[1]: Nun flohen die ›Langoh-

---

1 Aufgrund der Mythen-Varianten interpretieren Forscher das Verhältnis von ›Lang‹- und ›Kurzohren‹ unterschiedlich, auch die Kriegsursache wird nicht einheitlich erklärt:
1 Weigerung der ›Kurzohren‹, bei der Säuberung des Bodens von Steinen zu helfen (Métraux, Englert, Bórmida);
2 Weigerung der ›Kurzohren‹, beim Bau eines *ahu* zu helfen (Métraux);
3 Weigerung der ›Kurzohren‹, den ›Langohren‹ bei der Errichtung eines *ahu* auf ›Kurzohr‹-Territorium als Begräbnisstätte für einen auf dem Gebiet der Hanau Momoko verstorbenen Hanau Eepe zu gestatten (Vives Solar);

ren‹ von allen Teilen der Insel auf die Halbinsel Poike, die sich auf hohem Küstensockel in das Meer hinausschiebt. Unter dem Kommando ihres Anführers Iko hoben die Flüchtlinge einen 3 km langen Graben aus, der nach seiner Vollendung die Halbinsel von dem übrigen Land abriegelte. In der Vertiefung stapelten sie alle Art von Brennmaterial, bis der Graben einem Riesenscheiterhaufen glich, der in Brand gesteckt werden konnte, falls die ›Kurzohren‹ den Angriff von den tiefer gelegenen Wiesen wagen sollten.

Doch die Frau eines Hanau Eepe, die aus dem Volk der ›Kurzohren‹ stammte, wurde zur Verräterin. Sie beschrieb ihren Verwandten einen Weg, um ungesehen auf die Halbinsel zu gelangen. Als sie das verabredete Signal zum Aufbruch gab, umgingen die ›Kurzohren‹ auf einem schmalen Pfad am Rand der senkrecht abfallenden Küstenklippen den Graben und nahmen unbemerkt im Rücken ihrer Feinde Aufstellung. Am nächsten Morgen unternahm die Hauptmacht der ›Kurzohr‹-Krieger vom Unterland aus einen Scheinangriff gegen die gesicherte Halbinsel. Die ›Langohren‹ stellten sich nichtsahnend auf der Innenseite des Grabens auf und zündeten das Brennholz an. In diesem Augenblick stürmten die sich verborgen gehaltenen ›Kurzohren‹ aus dem Hinterhalt hervor. In dem blutigen Kampf, der nun folgte, wurden alle[1] Hanau Eepe in ihren eigenen ›Scheiterhaufen‹ getrieben und verbrannten. Dieses war zugleich das Ende der Osterinsel-Kultur.

Nach Untersuchungen der Routledge-Expedition im Jahre 1914 stellt der Graben vor der Poike-Halbinsel eine natürliche geologische Vertiefung dar, die die ›Langohren‹ möglicherweise zur Ver-

---

4 Rache der ›Kurzohren‹ an den ›Langohren‹, weil letztere einen Angehörigen der Hanau Momoko töteten (Routledge);

5 Streit der beiden Gruppen um die Vorherrschaft (Knoche, Englert). P. Heine-Geldern vermutet, daß es während eines längeren Zeitraums immer wieder zu Auseinandersetzungen zwischen den beiden Gruppen kam, die dann in der späteren Überlieferung als ursächlich für den Krieg bezeichnet wurden, der zum Untergang der ›Langohren‹ führte. Er geht übrigens nicht von einer vorangegangenen massiven Unterdrückung der ›Kurzohren‹ aus.

1 Einige Überlieferungen sprechen auch von überlebenden ›Langohren‹, die dann von den ›Kurzohren‹ verschont wurden.

8 Die Tradition der *moai* geht vorüber, die *ahu* dienen teils als Grabstätten. Nach einem Stich von W. Hodges. Aus: Stephen-Chauvet, »L'Ile des Pâques et ses Mystères«, Paris 1935

teidigung ihres Fluchtareals benutzten. Der Ethnologe Alfred Métraux, der mit dem Archäologen Henri Lavachery 1934 eine Osterinsel-Expedition unternahm, geht noch weiter. Seiner Ansicht nach ist der Graben ein Spiel der Natur, das die Phantasie

der Einheimischen angeregt hat, eine geologische Eigentümlichkeit auf ihre Weise zu deuten. Die Sage von den ›Langohren‹ und den ›Kurzohren‹ sei folglich nur eine nachträgliche Erfindung der Insulaner. Thor Heyerdahl unternahm 1955/56 dennoch Probegra-

Kriege und Kannibalismus

Nur mündliche Überlieferungen der Einheimischen oder Berichte europäischer Seefahrer belegen bewaffnete Konfrontationen der letzten Jahrhunderte. Diesen Quellen nach lebten die ersten Generationen der letzten polynesischen Einwanderer in friedlicher Koexistenz mit den bereits auf der Osterinsel ansässigen Stämmen. Doch schon bald verschärften die Bevölkerungszunahme einerseits und die Rivalitäten zwischen den Neuankömmlingen und den ›Alteingesessenen‹ andererseits, das Zusammenleben. Schon geringe Anlässe genügten, um einen bewaffneten Konflikt auszulösen: Kriegerische Auseinandersetzungen und Stammesfehden waren bald an der Tagesordnung. Anfänglich zogen die Krieger mit Wurfsteinen, Holzkeulen und Lanzen, letztere mit Spitzen aus harten Kürbisschalen bewehrt, in den Kampf; später versah man die Speere mit Enden aus scharfkantigen Obsidiansplittern, die im Gegensatz zu den frühen, relativ ungefährlichen Waffen erhebliche Wunden hinterließen.

Die Lebensbedingungen auf Rapa Nui ›förderten‹ die Spannungen: Ohne jegliche Kommunikationsmöglichkeit mit der Außenwelt existierten einige Tausend Menschen auf einer Insel, deren Abgeschiedenheit absolut war. Aufgrund des steten Kampfes um Vorherrschaft und Überleben konnte nur ein ausreichender Nachwuchs Stammesstärke und damit Macht gewährleisten. Bevölkerungswachstum aber stand im Widerspruch zum begrenzten Nahrungsangebot: Geringe landwirtschaftliche Erträge, nur ergänzt von Hühnern sowie Fischen, Muscheln und Krustentieren aus der unmittelbaren Uferregion. Ein darüber hinausgehender Fischfang war ausgeschlossen, da jegliche Großgehölze – notwendig für den Bau hochseetüchtiger Boote – auf Rapa Nui fehlten.

Die seit vielen Generationen prekäre Situation verschärfte sich nach der Schlacht am Poike-Graben, in der die ›Kurzohren‹ durch den Genozid an den ›Langohren‹ die bisher führende Autorität beseitigten (s. S. 34f.). Kriege verwüsteten das Land und verschlimmerten so die Nahrungsmittelnot. Ein Teufelskreis tat sich auf: Not gebar Kampf, Krieg brachte Verwüstung, und der Verwüstung folgte noch größere Not.

Fälle von Kannibalismus häuften sich. Kannibalismus war vermutlich schon in früherer Zeit auf der Osterinsel vorgekommen, möglicherweise im Zusammenhang mit Kulthandlungen. Nun, in schier auswegloser Lage, brachen Schranken und Gesetze. Den Mächtigen mag der Kannibalismus als probates Mittel erschienen sein, die Probleme auf Rapa Nui zu lösen, ihre Machtposition zu bestätigen und die Gewähr zum Fortbestand des eigenen Clans oder Stammes zu bieten. Häufig war die Fleischbeschaffung der eigentliche Kriegsgrund. Nach glaubwürdigen Augenzeugenberichten soll eine kannibalistische Handlung zuletzt 1890 erfolgt sein.

bungen und stieß auf Holzkohlen- und Aschenreste von einer solchen Ergiebigkeit, wie sie nur ein gewaltiges Feuer hinterlassen haben konnte. Seiner Ansicht nach war eine natürliche Mulde vorhanden, die an den flachen Stellen von Menschenhand vergrößert wurde. Heyerdahl ließ Untersuchungen der gefundenen Rückstände nach der Radiokarbonmethode vornehmen, die eine Altersangabe (unter Berücksichtigung der Toleranzen) von etwa 300 Jahren ergaben. Nach weiteren Grabungen stieß Heyerdahl zudem auf tieferliegende Feuerstellen, deren Entstehungsalter er auf etwa 400 n. Chr. datiert.

9   Federkrone

Der mythologische Hintergrund

Die religiösen Mythen der Osterinsel-Bewohner prägte bis zur Christianisierung und teilweise auch danach der Glaube an eine Vielzahl von Göttern und Geistern. Eine weit in ihre Urheimat zurückreichende, tradierte Vorstellungswelt, gepaart mit späteren Modifikationen, bestimmte das tägliche Leben.

Innerhalb des Pantheons der Osterinsulaner galt der Hauptgott Makemake als Schöpfer und Erhalter der Welt. Die Menschen meißelten eine Andeutung seines Gesichts mit den dominierenden kreisrunden Augen in manchen Fels Rapa Nuis (Farbabb. 4; Abb. 10, 27). Solche Petroglyphen sind auf der ganzen Insel zu finden, häufen sich aber an den Felsen des heiligen Dorfes Orongo (s. S. 96 f., 135 ff.). Hier war der Mittelpunkt der Makemake-Verehrung, zelebriert von dem ›Vogelmann‹, einem in jährlichem Turnus gewählten Priester. Der Vogelmann galt als Mittler zwischen dem Gott Makemake und den Menschen. Ihm oblag der Schutz der Insel, somit die Sorge für Frieden und Wohlfahrt. Darüber hinaus gab es weitere Götter wie beispielsweise Uoke, den Gott der Zerstörung, oder Hiva Kara Rere, den Regengott.

Ferner existierten unzählige Teufel und Hexen sowie gute und böse Dämonen, die ihren Einfluß auf die Menschen nachhaltig ausübten. Die Grenze zwischen Göttern und Dämonen, den *akuaku*, ist nur schwer zu ziehen. Jede Familie besaß ihren eigenen Schutzgeist, der ihr in der Not half und die geheimen Absichten ihrer Feinde verriet. Nach dem Glauben der Einheimischen konnte er stundenlang mit einem von ihm ausgewählten Menschen sprechen. Hierbei bediente er sich einer hohen und schrillen Stimme, die Furcht und Schrecken einflößte. Zu den *akuaku* zählten häufig die Seelen Verstorbener, denen nach dem Tod die Rückkehr in die Urheimat ihrer Vorfahren wegen eines Vergehens oder einer Schande verweigert worden war. Sie irrten verzweifelt auf der Insel

10   Makemake-Petroglyphe in Orongo

umher und halfen – oder aber tyrannisierten – ihre eigenen Familien. Noch in unseren Tagen grassiert die Furcht vor den Dämonen auf Rapa Nui.

Um bösen Einflüssen entgegenzuwirken, schnitzten die Insulaner kunstvoll gestaltete Figurinen von tiefer religiöser Bedeutung, die für den Besitzer oder Träger eine erhebliche Schutzfunktion ausübten. Vor den geschnitzten Holzfiguren empfanden sie großen Respekt, oft auch Angst. Am häufigsten war der *moai kavakava* (s. S. 108; Abb. 11, 30) anzutreffen, eine ausgemergelte, vornübergebeugte Männergestalt mit stark vorstehenden Rippen – dem Bild entsprechend, das man sich von den Totengeistern machte. Er fehlte in keinem Haus und stand oder hing als Schutzgeist neben jedem Hütteneingang, um böse Dämonen abzuwehren, gute hingegen einzulassen.

Die ersten Figuren eines *moai kavakava* gehen auf eine Legende zurück: König Tuku Ihu begegnete auf seinem Heimweg den zwei im Schatten schlafenden Dämonen Hiti Rau und Nuko Te Mango. Sie hatten sich wegen der Hitze ihrer Kleider entledigt, und so konnte Tuku Ihu zu seinem Erstaunen feststellen, daß sie kein Fleisch auf dem Leib besaßen und ihre Rippen herausragten. Nachdem der König sein

11   Aus *toromiro*-Holz geschnitzter *moai kavakava*

42

Heim erreicht hatte, schnitzte er aus *toromiro*-Holz die nackten Körper der Dämonen in all ihrer Häßlichkeit. Als Hiti Rau und Nuko Te Mango bald darauf die vor dem Häuptlingshaus aufgestellten Holzfiguren sahen, flohen sie wütend über ihr Ebenbild von der Insel. In ihren Augen hatten sie sich vor den Menschen lächerlich gemacht. Die Kraft der Dämonenvertreibung haftete nach Ansicht der Ureinwohner auch in späterer Zeit allen *moai kavakava*-Figuren an.

Nicht als Schutzfunktion, wohl aber als sichtbares Zeichen der Ahnenverehrung sind die steinernen Kolossalfiguren, die *moai* (s. S. 62 ff.) zu betrachten. Die Erschaffung des ersten *moai* geht einer Sage zufolge auf einen Traum zurück, den der Sohn von Hinariru nach dem Tod seines Vaters hatte. Zum Andenken an Hinariru schuf er eine Steinbüste mit menschlichen Zügen und stellte sie auf einen *ahu*, eine altarähnliche Gedächtnisstätte. In den Statuen vereinte sich dabei das Totengedenken mit einem familieninternen Machtsymbol, dem die Kraft des Verstorbenen innewohnt.[1]

Von diesem Zeitpunkt an soll der Ahnenkult zunehmend an Bedeutung gewonnen haben. Steinmetzen schufen Hunderte monolithische Kolosse mit immer größeren Abmessungen. Ihre Werkstatt war der zentral gelegene Rano Raraku (Farbabb. 7), die Aufstellungsorte hingegen viele Kilometer entfernt, überwiegend an der Inselküste. Überlieferungen zufolge erreichten die Statuen die Plätze ihrer endgültigen Bestimmung allein und ohne fremde Hilfe. Sie erhoben sich auf den Befehl ihrer Schöpfer und setzten sich selbständig in Bewegung: Das ›Gehen‹ der tonnenschweren Giganten hing ausschließlich von dem *mana* zaubermächtiger Personen ab (s. S. 89 ff.).

In den Legenden sah das Ende der *moai*-Produktion weit poetischer aus als in der Realität. Die Mär weiß von der Beleidigung einer Zauberin durch einige Bildhauer zu berichten. Die alte Frau versorgte die Steinmetzen, indem sie für sie kochte und wusch. Eines Tages fingen die Männer eine große Languste und aßen sie allein, trotz des gegebenen Versprechens, alle Nahrung mit ihr zu

---

1 A. Métraux vermerkte, daß die Büsten – ähnlich wie auf den Marquesas-Inseln – Häftlinge oder berühmte Priester darstellen, die zu Schutzgottheiten der Stämme geworden waren.

teilen. Hierob erboste sich die Zauberin über alle Maßen und rächte sich für die erlittene Schmach, indem sie die Werke der Meister verfluchte. Mit schriller Stimme rief sie: »Oh, ihr Figuren, stehet still! – Stürzet um, ihr Burschen! Niemals wieder werdet ihr gehen können!« Und so geschah es. Mit diesem Fluch endet in der Überlieferung die bildhauerische Tätigkeit auf der Osterinsel.

Hier klingt zum erstenmal die Kraft des *mana* an, das in der polynesischen Glaubenswelt herausragenden Menschen außergewöhnliche Geisteskräfte verleiht. *Mana* ist eine Kraft übernatürlichen Ursprungs, die Göttern, manchen Menschen und mitunter auch unbelebten Dingen innewohnt. Es ist eine immaterielle Substanz, eine Art Fluidum, das sich der sinnlichen Wahrnehmung entzieht. *Mana* gilt als eine außerordentlich starke Kraft, als eine Macht, die Ungewöhnliches hervorzurufen vermag. Es wirkt jedoch nicht allein und aus sich selbst heraus, sondern bedarf eines Mediums, um realisiert zu werden. Häuptlinge, aber auch Priester, Künstler oder talentierte Handwerker können *mana*-Träger sein. Ein mit *mana* begnadeter Mensch strahlt gleichsam auf seine Umgebung aus, er genießt demzufolge eine geachtete Sonderstellung. Doch unwürdiges Benehmen führt schnell zur Reduzierung oder gar zum Verlust des *mana*, was stets einen entsprechenden Verlust im gesellschaftlichen Ansehen zur Folge hat. Besonders polynesische Könige zählen zu den *mana*-Trägern. Das *mana* befähigt sie, mit den Ahnen zu verkehren, Gutes für ihr Volk zu tun oder auch zu strafen. Es ermöglicht ihnen, Ernten reifen zu lassen, Fischschwärme in die Netze zu lenken oder fehlenden Regen zu spenden. Wer aber den König beleidigt oder sonstiges Unrecht begeht, kann durch das königliche *mana* getötet oder mit Mißernten und ausbleibendem Fischfang bestraft werden. Als Beispiel für die strafende Kraft eines Königs sei folgende Legende (von der es mehrere Varianten gibt) angeführt:

Analog zu vielen Mythen anderer Völker fiel auch in die frühe Kolonisationsphase der Osterinsel eine Auseinandersetzung zwischen Gut und Böse. Hier offenbart sie sich in dem Konflikt zwischen Hotu Matua und seinem Bruder Oroi, der sich gegen den Willen des Königs an Bord geschlichen und unbemerkt das neue Territorium erreicht hatte. Rovi, ein Diener des Königs, fand eines Tages den Jungen Hahaki A Roro mit fünf jüngeren Geschwistern tot am Strand. Ihr Tod erfolgte durch Herausziehen der Eingeweide aus dem After mittels langer, stachliger Fühler der Langusten. Empört über den abscheulichen Mord befragte Hotu Matua seine Schutzgeister Kuihi und Kuaha nach dem Täter und erhielt die Antwort, sein Bruder hätte das entsetzliche Verbrechen begangen. – Einen Monat nach dem Kindermord brach Hotu Matua auf, um den sich versteckenden Bruder zu suchen und zu töten. Oroi sah den König kommen; er legte eine Schlinge, um Hotu Matua zu Fall zu bringen und erschlagen zu können. Dieser erkannte den Hinterhalt jedoch rechtzeitig, warf sich zu Boden, als hätte ihn die ausgelegte Falle niedergestreckt, und lockte Oroi so aus seinem Versteck. Als Oroi den König mit einem nadelspitzen Knochen erdolchen wollte, sprang Hotu Matua auf und tötete seinen Bruder durch den Zauberspruch: »Drehe dich – falle zu Boden – stirb, stirb!«

Die Existenz des *mana* in einem Gegenstand verdeutlicht die Legende von der Steinfigur Te Takapau: Die Statuette besaß eine starke Wirkkraft, die der Versorgung ihres Besitzers mit Nahrung diente. Allein durch ihre Anwesenheit und richtige Positionierung förderte sie das Wachstum der Feldfrüchte oder lenkte Fischschwärme ans Land. Ihre Kraft war nicht an einen bestimmten Menschen gebunden, sondern an ihren jeweiligen Besitzer. So verwundert es nicht, daß die Figur durch Diebstahl mehrfach den Eigentümer wechselte.

Die neuere Geschichte

1722

Am sechsten April des Jahres 1722, entdeckte der Holländer Jacob Roggeveen (als erster Europäer?) eine einsame Insel im Pazifik, der er in Anbetracht des vorangegangenen Ostersonntags den Namen ›Osterinsel‹ gab. Bei seinem eintägigen Aufenthalt fand er eine hellhäutige polynesische Bevölkerung vor. Sie schien mit anderen ethnischen Gruppen vermischt, denn ihm begegnete eine nicht geringe Anzahl von Menschen mit dunkler oder weißer Hautfarbe. Einige Männer trugen Bärte. In den gedehnten Ohrläppchen einer Reihe von Einheimischen steckten große Schmuckpflöcke. Viele Insulaner waren unbekleidet, ihre Körper weitgehend tatauiert; einige wenige trugen Umhänge aus gefärbtem Rindenbaststoff. Wehende Federkronen oder geflochtene Hüte bedeckten manches Haupt. Die Bevölkerung trat den Holländern freundlich entgegen und zeigte keine Waffen. Merkwürdigerweise ließen sich kaum Frauen sehen; aber die wenigen, die sich vorwagten, gebärdeten sich in eindeutiger Weise einladend gegenüber den Gästen, ohne daß die Männer Zeichen der Eifersucht verrieten.

Die Insulaner schliefen in langen niedrigen Hütten aus Flechtwerk, die umgestülpten Booten glichen. Die Behausungen waren fensterlos, eine Kriechöffnung diente als Eingang. Die Einrichtung bestand lediglich aus Schlafmatten und steinernen Kopfstützen. Das tägliche Leben spielte sich im Freien ab. Hühner waren die einzigen Haustiere, man pflanzte Bananen, Zuckerrohr und Süßkartoffeln an. Das Essen bereitete man in Erdöfen (*umu;* s. S. 48) zwischen glühenden Steinen zu. Als Wasserfahrzeuge lagen lediglich einige Kanus von etwa 2,5 m Länge am Strand. Sie waren so schmal, daß man nur mit Mühe die Beine hineinzwängen konnte. Metall war unbekannt, alle Gerätschaften entsprachen denen einer frühen Steinzeitkultur.

Den Holländern erschien die Lebensweise auf Rapa Nui als außerordentlich primitiv; um so größer war ihr Erstaunen angesichts der gigantischen Statuen, die teilweise einen klobigen Steinzylinder trugen. Roggeveen berichtete, daß die Einheimischen vor den Kolossen Feuer anzündeten und mit ehrerbietig geneigtem Haupt vor ihnen niederknieten: Sie legten die Handflächen gegeneinander, hoben und senkten die Arme in rhythmischer Bewegung.

Im Logbuch notierten die Holländer, sie hätten die Inselbewohner munter, friedlich und von erträglichen Manieren empfunden, nur seien sie sämtlich Meister im Stehlen: Die Schiffsbesatzung beklagte ein gestohlenes Tischtuch sowie den Verlust mehrerer Hüte. Ein Insulaner an Bord und ein Dutzend andere an Land wurden wegen solcher Diebstähle geringwertiger Güter niedergeschossen. So war bereits die erste Begegnung der Inselbevölkerung mit Europäern von einer Bluttat überschattet.

1770

Erst 50 Jahre später gelangten erneut zwei fremde Schiffe zur Osterinsel, geführt von dem Spanier Don Felipe Gonzáles de

12 Die Holländer erreichen im Jahre 1722 die Osterinsel. Nach einem Stich reproduziert aus: »1500 Jahre Kultur der Osterinsel«, Mainz 1989

Haedo. Im Verlauf ihres sechstägigen Aufenthalts bestiegen Gonzáles, zwei Priester und einige Soldaten verschiedene Hügel, sangen fromme Lieder, richteten christliche Holzkreuze auf und nahmen die Insel in spanischen Besitz. Sie tauften das Eiland nach ihrem König – ›San Carlos-Insel‹.

Wie schon Roggeveen, berichtete auch Gonzáles von hochgewachsenen Menschen, beschrieb die Schattierung ihrer Hautfarbe von schwärzlich bis weiß, ihr Haar als kastanienbraun und weich, manchmal schwarz oder rötlich, vermerkte, daß viele Männer Bärte trugen. Er schätzte die Zahl der Inselbewohner auf 3 000 Menschen.

Auch seinen Leuten fiel das Fehlen von Frauen und Kindern auf: Die Inselbevölkerung schien nur aus Männern und einigen sehr freizügigen Frauen zu bestehen.

Die Spanier hatten ebenfalls zahlreiche Diebstähle zu beklagen; ferner wunderten sie sich, daß Geschenke wie gestohlene Gegenstände stets schnell verschwanden. Da das Gelände weitgehend baumlos und offen dalag, vermuteten sie unterirdische Verstecke – Höhlen oder Felsspalten – für Menschen und Güter.

Neben den aufrecht stehenden monolithischen Kolossalfiguren, deren Transport und Aufstellung Gonzáles besonders rätselhaft erschien, erwähnte er in seinen Berichten erstmalig Puppen von übermenschlicher Größe aus bemaltem Rindenbaststoff.

Curanto

Der *curanto* ist ein in besonderer Weise zubereitetes Mahl, das auch heute noch bei festlichen Anlässen geboten wird. Hierfür scharrt man eine *umu* genannte Grube in den Sand, kleidet sie mit Steinen aus und erhitzt diese sodann mit einem offenen Feuer. Haben die Flammen lange genug eingewirkt, werden die rohen Speisen – Fische, Eier, Muscheln, Süßkartoffeln oder Hühnerfleisch – nach sorgfältiger Beseitigung der Asche auf die glühend heißen Steine gelegt. Gemeinsam mit Gemüsen und Kräutern garen die in Blätter eingewickelten und mit einer Sandschicht abgedeckten Speisen im eigenen Dampf.

Schon kurze Zeit später besuchte Kapitän Cook auf seiner zweiten Weltumseglung (1772–75) die Osterinsel. Als er an Land ging, ließen sich erstaunlich wenige Menschen blicken, und diese zeigten sich zudem mürrisch und desinteressiert. Sie befanden sich in kläglicher Verfassung. Die Expeditionsteilnehmer kamen zu dem Schluß, irgendein Verhängnis müsse die Inselbewohner seit dem Besuch des Spaniers Gonzáles ereilt haben. Auch vermuteten sie wohl zutreffenderweise, ein Teil der Bevölkerung habe sich in Höhlen verborgen, zumal kaum Frauen zu erblicken waren. Sie schätzten die Einwohnerzahl auf 600–700 Menschen, darunter jedoch nur 30–40 Frauen. Diese allerdings waren bereit, den fremden Matrosen gegen geringe Gabe zu Willen zu sein.

Im Reisebericht des begleitenden deutschen Forschers Georg Forster[1] wird ein Mann mittlerer Statur, kastanienbrauner Hautfarbe, mit schwarzem Bart- und Haupthaar beschrieben, dessen lange Ohrläppchen fast bis auf die Schultern hinabreichten. Schenkel, Leib und Gesicht waren weitgehend tatauiert. Dem Bericht zufolge wiesen auch die Frauen großflächige Tatauierungen auf, hatten ihre Gesichter rot grundiert, mit orangefarbenen Flächen und weißen Streifen bemalt. – Interessanterweise begegneten sowohl Teilnehmern der Roggeveen- wie der Cook-Expedition Insulaner mit durchstoßenen und in die Länge gezogenen Ohrläppchen. William Hodges, Maler und Zeichner der Cook-Expedition, porträtierte einen Mann und eine Frau mit deutlicher Wiedergabe jener Eigenart (Abb. 7, 13). Diese Beobachtung läßt den Schluß zu, daß es sich bei den solchermaßen Geschmückten entweder um Überlebende des ›Langohren‹-Volkes (s. S. 35) handelte oder um ›Kurzohren‹, die diese Sitte übernommen hatten.

---

1 Ursprünglich sollte Georg Forsters Vater, Johann Reinhold Forster, im Auftrag der großbritannischen Admiralität ›eine philosophische Reisebeschreibung‹ zur Cook-Expedition anfertigen. Aufgrund von Unstimmigkeiten zwischen ihm und der Admiralität übernahm sein Sohn diese Aufgabe, ergänzte eigene Aufzeichnungen durch die seines Vaters. Der Bericht über die Osterinsel selbst stammt eigentlich aus der Feder Johann Reinhold Forsters.

13 Frau von der Oster-
insel mit typischer
Kopfbedeckung.
Nach einem Stich
von W. Hodges.
Aus: Stephen Chau-
vet, »L'Ile des Pâ-
ques et ses Mystè-
res«, Paris 1935

Laut Forster sprachen die Menschen einen polynesischen Dialekt, der jenem der Gesellschaftsinseln ähnelte. Der größte Teil der
Einheimischen präsentierte sich nackt, einige trugen einen Gürtel,
von dem ein Tuch herabhing, nur wenige besaßen einen knielan-
gen, orangefarbenen Mantel. Die Frauen bedeckten sich ebenfalls
nur spärlich. Manche Männer handhabten Lanzen aus höckrig
gewachsenem Holz mit einer Spitze aus ›Glaslava‹ sowie kurze
hölzerne Keulen. Unter ihren wenigen Werkzeugen befand sich
keines, das Bildhauer hätten benutzen können.

Forsters Beschreibung der Hütten deckt sich mit der von Gonzáles. Mit Ausnahme eines geflickten Kanus fanden auch die Englän-
der kein Boot auf der Insel. Offensichtlich herrschten äußerste
Armut, Mangel und Entbehrung. Man baute Süßkartoffeln, Zuk-
kerrohr, Pisang (eine Bananenart) sowie Yams- und Arumwurzeln
(ein Aronstabgewächs) an. Als Haustier war das Huhn bekannt;
außerdem betrieb man etwas Fischfang. Die Insel zeigte sich
unfruchtbar und waldlos, lediglich mit Gras bedeckt. Die größten
Gehölze waren Gebüsche wie etwa der Papiermaulbeerbaum, dessen Rinde der Kleidungsherstellung diente.

Cook und seine Expeditionsteilnehmer staunten wie schon ihre Vorgänger über den Kontrast zwischen der ärmlichen Inselbevölkerung und den Exponaten einer hochentwickelten Bildhauerkunst. Sie sahen viele ›Bildsäulen‹, sowohl aufrecht stehende als auch umgestürzte. Die Insulaner erwiesen den Statuen keine Verehrung, schienen jedoch Achtung vor ihnen zu hegen, denn das Betreten der Anlagen durch die Fremden war ihnen sichtlich unangenehm. Daneben entdeckten Cooks Leute kleine geschnitzte und fein proportionierte Menschenfiguren von acht Zoll bis zwei Fuß Größe. Sie vermuteten ein beträchtliches Alter der Figurinen, da sie aus einem Holz verfertigt waren, das es auf der Insel nicht (mehr) gab.

1786

Bereits zwölf Jahre später bot die Insel ein gewandeltes Bild. Der französische Comte de La Pérouse fand ein offensichtlich erholtes Gemeinwesen vor. Er schätzte die Einwohnerschaft auf 2000 Menschen mit einem ausgeglichenen Zahlenverhältnis zwischen den Geschlechtern. Als erstem Fremden gestatteten die Einheimischen ihm den Einblick in einige Höhlen. Er fand Cooks Vermutung bestätigt, nach der viele Insulaner, besonders Frauen, während der Besuche fremder Seefahrer unterirdische Verstecke aufsuchten. Auch La Pérouse sah noch aufrecht stehende *moai* auf der Insel, kleine Holzfiguren erwähnte er jedoch nicht. Der Franzose versuchte zur Verbesserung der Lebensumstände erstmalig Schweine, Ziegen und Schafe auf Rapa Nui auszusetzen. Doch die hungernden Insulaner verspeisten alles, ehe sich die Tiere vermehren konnten – auf Rapa Nui blieb alles unverändert.

Die erste Hälfte des 19. Jh.

In dieser Zeit liefen verschiedene Schiffe die Osterinsel an, manche in friedlicher, andere in weniger friedlicher Absicht. Robbenfänger entführten Insulaner gewaltsam, um sie fernab als billige Arbeitskräfte einzusetzen. Es dauerte sehr lange, bis sich danach das gestörte Verhältnis zu anlandenden Schiffen wieder normalisierte.

1862

Das schließlich zurückgewonnene Vertrauen gegenüber Fremden sollte die Bevölkerung Rapa Nuis nur allzu schnell bereuen. Zum Jahresausgang 1862 ankerten plötzlich sieben peruanische Segler vor ihrer Küste. Viele Einheimische schwammen oder paddelten in ihren Kanus hinaus und kletterten an Bord der Schiffe, neugierig auf das Fremde. Doch als sie die Schiffe wieder verlassen wollten, hinderten Seeleute sie daran, banden sie und schleppten sie unter Deck. Die Insulaner hatten sich unwissentlich auf die Schiffe von Sklavenjägern begeben.

Währenddessen ruderten 80 Matrosen an Land, breiteten dort Waren, Geschenken gleich, am Strand aus und lockten die nichts ahnenden Menschen an. Als eine große Anzahl beisammenstand, die Auslagen betrachtete, fielen die Fremden über sie her, banden die Männer und schleppten sie auf die wartenden Schiffe. Viele, die sich wehrten oder flohen, wurden niedergeschossen. Die wenigen überlebenden Männer flüchteten gemeinsam mit den Frauen und Kindern in das unterirdische Höhlenlabyrinth.

Wohl an die 1 000 Bewohner der Osterinsel gelangten im Januar des Jahres 1863 als Sklaven auf die peruanischen Guano-Felder. Die gesamte Elite der Osterinsel-Bevölkerung befand sich unter den Verschleppten. In weniger als einem Jahr rafften Krankheiten und die ungewohnten Lebensbedingungen etwa 900 von ihnen dahin. Auf Intervention des Bischofs von Tahiti setzte eine Repatriierung der Überlebenden ein. Doch unter ihnen wütete eine Pockenepidemie – von den 100 Rückkehrern starben weitere 85 auf der Überfahrt; nur 15 erreichten ihre Heimat lebend, und diese wenigen infizierten die restliche Einwohnerschaft der Insel. Gepaart mit Hunger und Elend breitete sich die Krankheit schnell aus und verschonte selbst die Menschen in den tiefsten Felsenverstecken nicht. Die Zahl der Todesopfer war groß.

1864

Der katholische Laienbruder Eugène Eyraud erreichte als erster Missionar die Osterinsel. Die Bevölkerung gab sich gewalttätig, ja kriegerisch. Während seines Aufenthalts beobachtete er unzählige Tätlichkeiten und Übergriffe der Inselbevölkerung untereinander. Ferner wußte Eyraud von vielen Diebstählen zu berichten, von denen auch er nicht verschont blieb und seine gesamte Habe verlor. Nach neunmonatigem Aufenthalt vermochte er auf einem Schoner, der das Eiland zufällig anlief, zu entkommen.

Im Verlauf seines Aufenthalts sah Eyraud als erster Europäer die Schrifttafeln Rapa Nuis, die *kohau rongorongo* (s. S. 96 ff.). Er gewann jedoch den Eindruck, daß die Insulaner den Wortsinn der Hieroglyphen nicht mehr kannten.

1866

Schon zwei Jahre später kehrte Eyraud mit Pater Hippolite Roussel auf die Insel zurück. Gemeinsam gründeten sie eine Missionssta-

14 Im Hof der Missionsstation von Hanga Roa. Aus: Stephen Chauvet, »L'Ile des Pâques et ses Mystères«, Paris 1935

tion. Die Christianisierung setzte ein. Nach einer Phase der Vertrauensbildung überredeten die Geistlichen die Inselbewohner, ihre Hütten und Höhlen als Wohnstätten aufzugeben, legten den Grundstein der beiden Dörfer Hanga Roa und Vaihu und errichteten mit ihrer neuen Gemeinde die ersten europäischen Häuser auf Rapa Nui. 1869 wurde der letzte Einheimische getauft.

Eine in vielen überseeischen Missionsgebieten von der jeweils missionierenden Kirche zu verantwortende Vernichtung bestehender Kulturen praktizierten leider auch die Patres der Osterinsel. Sie verlangten von den gerade zum christlichen Glauben Übergetretenen, mit den traditionellen Ritualen zu brechen. Als äußeres Zeichen ihrer Anerkennung der neuen Religion sollten sie die alten hölzernen Kultfiguren und Schrifttafeln verbrennen. Vieles wurde dem Feuer überantwortet, doch manches verschwand heimlich in den Tiefen der Familienhöhlen.

Pater Eyraud starb im Jahre 1868 auf der Insel.

1870

Für eine kurze Stippvisite lief die chilenische Corvette O'Higgins unter dem Kommando von I. L. Gana die Osterinsel an. Nach Ganas Berichten tanzten die Einheimischen, größtenteils nackt, vor den noch aufgerichteten *moai* eines *ahu:* Die Taufe hatte keine durchgreifende Wandlung bewirkt, die tradierten Rituale nicht verdrängt.

Im selben Jahr traf der Franzose Dutroux-Bornier aus Tahiti auf Rapa Nui ein und gründete die erste kommerzielle Schafzucht. Um die Insulaner von Schafdiebstählen abzulenken und zugleich den Einfluß der sie betreuenden Patres zu mindern, hetzte er die Bevölkerung sowohl gegeneinander als auch gegen die Geistlichen auf. Es folgte eine Zeit der Überfälle und Kämpfe, an deren Ende die Vertreibung der Missionare stand. Zahlreiche Osterinsulaner schlossen sich den nach Tahiti zurückkehrenden Patres an und fanden dort eine neue Heimstatt. Die Angaben über die Anzahl der auf Rapa Nui verbliebenen Menschen schwankt zwischen 105 und 120.

15 »Götzenfest auf der Osterinsel« nannte Julien Viaud (Pierre Loti) seine Zeichnung. Loti dokumentiert hier, daß zur Zeit seines Aufenthaltes auf Rapa Nui (1872) alte Zeremonien durchgeführt wurden und traditionelle Kultobjekte noch oder wieder im Gebrauch waren. Aus Heyerdahl, Th., »Die Kunst der Osterinsel«, München 1975

1872

Leutnant Julien Viaud, der spätere Schriftsteller Pierre Loti, gelangte als Offizier des französischen Kriegsschiffs La Flora auf die Osterinsel. Er fertigte aufschlußreiche Zeichnungen von Insel-Szenen an. Nach seinen Berichten waren die Einheimischen zum Heidentum zurückgekehrt. Sie zelebrierten Brandopfer vor einem *ahu* mit *moai*. Die Rangabzeichen wie Federkrone und Doppelpaddel waren erneut in Gebrauch. Vor den Eingängen der Binsenhütten standen kleine, steinerne Kultfiguren als Wächter sowie zum Schutz gegen böse Geister.

Adolphe Pinart, der mit dem französischen Schiff Le Seignelay die Osterinsel erreichte, berichtete von der zwischenzeitlichen Ermordung des Schafzüchters Dutroux-Bornier. Kein einziger Europäer lebte mehr auf der Insel. Pinart zählte 111 Menschen, darunter lediglich 26 Frauen. Selbst wenn man davon ausgeht, daß sich viele Einheimische aus Furcht vor Rache oder möglicher Bestrafung in ihren Höhlen versteckt hielten, machen diese Zahlen eines deutlich: Die Inselpopulation hatte ihren erschreckenden Tiefstand noch nicht überwunden.

In dieser schwierigen Zeit trat Alexander P. Salmon die Nachfolge des ermordeten Schafzüchters an. Doch wählte er einen anderen Weg, mit der einheimischen Bevölkerung umzugehen: Er begann, die materiellen Lebensumstände der notleidenden Menschen zu verbessern.

1882

Kapitänleutnant Geiseler von dem deutschen Kanonenboot Hyäne unternahm im Rahmen einer viertägigen Forschung die ersten ethnologischen Studien auf der Osterinsel. Nach seinen Aufzeichnungen war die Einführung des Christentums vor 15 Jahren spurlos an den Bewohnern Rapa Nuis vorübergegangen. Sie verehrten wieder offen ihre alten Götter – Makemake und Haua.

Der Expedition gelang es, diverse Holzfiguren in Menschen- oder Tiergestalt sowie einige Steinstatuetten zu erwerben. Nach Aussagen von Geiselers Informanten soll der Kultus der Holzidole sowie der kleinen steinernen Hausgötzen noch nicht alt sein. Er wurde erst aufgenommen, nachdem die Anfertigung und Verehrung der alten Steingiganten vom Rano Raraku zu Ende ging.

1886

Der Zahlmeister W. J. Thomson der US Mohican führte die bis dahin gründlichsten Untersuchungen über Leben und Brauchtum der Osterinsulaner durch. Seinen Feststellungen zufolge war ihr Leben von einer Welt der Geister, Dämonen, Kobolde und Gespenster bestimmt.

1888

Korvettenkapitän Policarpo Toro annektierte die Osterinsel für Chile.

Im Einvernehmen mit der chilenischen Regierung übernahm die englische Gesellschaft Williamson und Balfour die Schafzucht auf der Insel. Sie pachtete das gesamte Eiland für ihre Zwecke, sparte nur eine kleines Areal um Hanga Roa aus, das den ansässigen Familien als Lebensraum verblieb. Um Tierdiebstählen vorzubeugen, zäunten die Schafzüchter ihr Gebiet gegen das der Bevölkerung ab. Dennoch kam es zu Übergriffen, die Insulaner stahlen tausend und mehr Schafe jährlich, die sie schlachteten und das Fleisch in Höhlen versteckten. Zu dieser Zeit weideten über 60 000 Schafe auf der Insel, die angesichts solch gravierender Überbestokkung schutzlos der Bodenerosion preisgegeben war.

1890

Der amerikanische Reisende V. S. Frank zeichnete glaubwürdige Augenzeugenberichte von einer Zeremonie auf, bei der Kannibalismus praktiziert wurde: Einige peruanische Seeleute sollen gemeinsam mit gefangenen Insulanern – wohl eines anderen Stammes – vor der letzten noch stehenden Steinstatue getötet und verzehrt worden sein.

1911

Erstmalig entsandte die chilenische Regierung eine Forschungsexpedition nach Rapa Nui, geleitet von Dr. Walter Knoche. Knoche stellte im Verlauf seiner Arbeit eine ausgedehnte Sammlung von Holzschnitzereien zusammen. Ferner beobachtete und notierte er

16   Moai Ko Te Riku, Tahai

viele kultische Bräuche, wie beispielsweise die Verehrung steinerner Skulpturen.

1914

Eine britische Privatexpedition unter der Leitung von Katherine Routledge führte die erste archäologische Untersuchung auf der Osterinsel durch. Mrs. Routledge – beeindruckt von dem geheimnisumwitterten Eiland – ließ vieles zeichnen, malen und kartographieren – in erster Linie Steinterrassen, Wegreste und mehr als 400 der steinernen Skulpturen.

Ihrem Bericht zufolge lebten nur zwei Europäer auf Rapa Nui, ein französischer Zimmermann, der sich den Einheimischen völlig angepaßt hatte, sowie Mr. Edmunds, der damalige Leiter der englischen Schaffarm. Rechteckige Hütten hatten die ovalen abgelöst, doch waren sie ebenso unmöbliert wie die früheren – die Bewohner schliefen gemeinsam mit den Hühnern auf dem Fußboden. Zwar trugen die Männer und Frauen Kleidung, hatten aber ihre Bedürfnisse verglichen mit vorchristlichen Tagen kaum erhöht. Zudem hatten sie ihre eigene Glaubenswelt nicht aufgegeben, so daß alte und neue religiöse Vorstellungen nebeneinander bestanden.

1934

20 Jahre nach der Routledge-Expedition ließ sich eine französisch-belgische Expedition unter Leitung des Archäologen Henri Lavachery und des Ethnologen Alfred Métraux an Land bringen. Ihre Zielsetzung wich von früheren Forschungen ab, denn sie richteten ihr Hauptaugenmerk nicht auf die monolithischen Kolossalstatuen. In fachspezifischer Aufgabenteilung sammelten sie mündliche Überlieferungen der Einheimischen, widmeten sich der Untersuchung von Masken aus Rindenbaststoff, behandelten das Thema der Körperbemalung und -tatauierung, klassifizierten Holzbildwerke und entdeckten unzählige Petroglyphen, die als menschliche oder tierische Darstellungen im Hochrelief aus den Felswänden

geschlagen waren. Auch sie betonten die Angst der Insulaner vor der Welt der unsichtbaren Geister, von denen die Menschen noch wie vor der Christianisierung in unverminderter Stärke heimgesucht wurden.

1935

65 Jahre nach der Vertreibung des letzten Missionars im Jahre 1870 traf der Kapuzinerpater Sebastian Englert von Chile kommend auf der Osterinsel ein. Damit entstand die erste bleibende christliche Missionsstation auf Rapa Nui. Nach langen und geduldigen Bemühungen erwarb Englert das Vertrauen der Inselbewohner. 30 Jahre verweilte er auf dem kargen Eiland. Er zeichnete viele Legenden auf, zählte und markierte die großen Monolithstatuen, die *moai*, sammelte Kunst- und Kultgegenstände der ansässigen Bevölkerung und gründete ein kleines Inselmuseum. Im Mittelpunkt seines Interesses stand jedoch stets die lebende Gemeinde.

1955

Im Verlauf eines über ein Jahr währenden Inselaufenthalts erforschte der Norweger Thor Heyerdahl die Osterinsel zusammen mit einigen Wissenschaftlern. Er entdeckte bislang unbekannte Steingiganten und Petroglyphen, klassifizierte die Funde und ordnete sie in ein – allerdings nicht von allen Wissenschaftlern anerkanntes – chronologisches Kulturschema ein. Bei seiner Ankunft stand kein *moai* mehr auf einem *ahu*. Mit Hilfe von Einheimischen gelang es ihm, den Transport eines Tonnen schweren Kolosses zu rekonstruieren und einen 20–30 t wiegenden Monolith aufzurichten (s. S. 89).

Nach langem Zögern öffneten ihm einige Inselbewohner ihre Familienhöhlen, in denen sie Zeremonial- und Kultgegenstände versteckt hielten. Heyerdahl konnte zahlreiche Stücke erwerben, darunter kleine hölzerne und steinerne Skulpturen, hölzernes Tanzzubehör, Zeremonialpaddel, Holztafeln, Federarbeiten und Rindenbaststoffe, desgleichen Steinbeile, Speerspitzen aus Obsidian, Knochennadeln, Fischnetze, steinerne und beinerne Angelhaken sowie Binsenmatten und steinerne Kopfstützen.

Heyerdahl schätzte die Zahl der Inselbewohner auf 900, deren Lebensraum sich weiterhin auf den engen und eingezäunten Umkreis des Dorfes Hanga Roa beschränkte. Das übrige Inselland nutzte die chilenische Marine als Schaffarm.

1957

Während eines mehrmonatigen Aufenthalts forschte der deutsche Ethnologe Thomas S. Barthel auf der Osterinsel. Zwei Schwerpunkte bestimmten seine Arbeit: das Aufspüren alter Überlieferungen und die Deutung der Schrifttafeln.

Der Zufall half Barthel, das Vertrauen der Bevölkerung zu gewinnen. Nachdem er einmal versehentlich eine Tonbandaufnahme zu schnell abgespielt hatte, so daß die typischen Laute hoher Frequenzen hörbar wurden, glaubten seine einheimischen Zuhörer, hierin die Stimmen ihrer Geister zu erkennen (s. S. 40). Barthel genoß von nun an den Ruf, mit den Dämonen in Verbindung zu stehen. Bereitwillig offenbarte man ihm fortan weitere Legenden.

Bei der Deutung der *kohau rongorongo* gelangte Barthel zu der Überzeugung, daß auch die Hochkultur der Osterinsel von Polynesien und damit letztlich von Asien beeinflußt worden ist. Er hält die große Epoche Rapa Nuis für den Höhepunkt der polynesischen Kultur.

1966

Rapa Nui erhält den Status eines *departamento* der chilenischen Provinz Valparaiso.

1967

Mit der Einweihung des mit US-amerikanischer Hilfe gebauten Flughafens gewann Rapa Nui den Anschluß an die übrige Welt.

Die steinernen Kulturdenkmäler

Die zeitliche Einordnung der Osterinsel-Kunst führt von den archaischen Steinfiguren aus der zweiten Hälfte des ersten Jahrtausends unserer Zeitrechnung nahezu übergangslos zu den monolithischen Großskulpturen, den *moai,* aus dem 12.–17. Jh. Sind in den ersteren noch Verwandtschaften mit Exponaten anderer Regionen erkennbar, so stellen die *moai* eine einzigartige, nur auf der Osterinsel anzutreffende Kunstform dar.

Obwohl die Datierung von Statuen und Kultplattformen *(ahu)* schwierig ist – Probleme bestehen etwa in der Frage, ob es gerechtfertigt ist, nachweisbare Phasen bei der Konstruktion einzelner *ahu* als Basis für eine übergreifende Periodisierung zu nutzen oder ob man diese Phasen nur auf die Entwicklungsgeschichte eines *ahu* bezogen werten darf – orientieren wir uns im folgenden an der dreistufigen Gliederung Thor Heyerdahls, die zumindest eine übersichtliche Einordnung der einzelnen Objekte ermöglicht.

Thor Heyerdahl unterteilt die Geschichte Rapa Nuis und seiner Kulturdenkmäler in drei Epochen: die Frühzeit von der Einwanderung um 400 oder 500 n. Chr. bis 1100 n. Chr., die mittlere Periode von 1100 bis zum großen Stammeskrieg um 1680 und schließlich die Spätzeit von diesem Krieg bis zur Christianisierung um 1868 (s. auch S. 52 ff.).

Werke der frühen Periode

Steinerne Skulpturen

Es gibt nur wenige Skulpturen aus der frühen Schaffensphase auf Rapa Nui; auch bleiben ihre Abmessungen weit unter denen der späteren Hauptwerke. Zudem sind sie häufig zerbrochen, von Erdreich überdeckt oder als untergeordnete Bauteile in späteren Kulturepochen erneut verwendet worden. So fielen sie den wenigen Forschern, die dieses einsame Eiland besuchten, kaum ins Auge. Erst Heyerdahl führte systematische Grabungen durch und machte durch seine Publikationen eine breite Öffentlichkeit auf diese frühen Kulturzeugnisse aufmerksam.

Im Gegensatz zu den heute dominierenden, weithin uniformen Kolossalstatuen der mittleren Periode, die gleichsam zum Synonym für die Osterinsel geworden sind, präsentieren sich die Werke der Frühzeit mit einem größeren Formenreichtum. Ihre Materialwahl reicht von hartem schwarzen Basalt über groben roten Tuff bis hin zu anderen vulkanischen Gesteinen aus verschiedenen Steinbrüchen. Die von großer künstlerischer Freiheit geprägten Bildhauerarbeiten dieser Phase mit ihrer Vielzahl heterogener Formen scheinen an bestehende Kulturen in Südamerika und Polynesien anzuknüpfen und stellen damit das lang vermißte Bindeglied zu dem autochthonen Kunstschaffen auf der Insel dar, das in den monolithischen Giganten gipfelte, die für Rapa Nui so charakteristisch und auf der Welt ohne Parallelen sind. Von wenigen Ausnahmen abgesehen können Werke der frühen Kulturepoche nur noch in Museen besichtigt werden.

Heyerdahl rechnet einfache, kaum mannshohe Statuen mit weichen Linien dem frühen Wirken auf der Insel zu. Stark ausgeprägte Augen dominieren die runden Schädel, die auf Leibern mit ebenfalls runden Formen ruhen. Zu dieser Gruppe gehören auch körperlose Köpfe mit abgerundeten oder flachen, kantigen Umrissen. Ihr Gesicht ist reliefartig aus der Oberfläche herausgearbeitet. Große ovale Augen, die unter gewölbten Brauen liegen und in einer dreieckförmigen Nase auslaufen, bestimmen das Antlitz. Bei einigen Exemplaren reicht das Gesicht über zwei Seiten des steinernen Kubus. Hier fällt die Nase mit der Kante der zusammenstoßenden Steinflächen zusammen. Ohren fehlen bisweilen, der Mund ist kaum betont.

Eine Anzahl von Büsten belegt offensichtlich den Übergang zu dem homogenen Formenkanon der mittleren Periode (Abb. 17 A). Es handelt sich um steife und weitgehend konventionalisierte Skulpturen, denen die unteren Extremitäten fehlen. Die anliegenden und in den Ellbogen leicht gewinkelten Arme enden in den ausgestreckt auf dem Bauch ruhenden Händen. Noch sind die Leiber dick und rund mit ausgeprägten Schultern. Brustwarzen, Nabel und männliche Genitalien sind häufig dargestellt. Der Kopf weist ovale Augenvertiefungen auf. Möglicherweise waren früher Augäpfel mit Iris und Pupille aus anderen Materialien eingelegt.

Den wohl spektakulärsten Fund aus der frühen Kulturepoche machte die Heyerdahl-Expedition am Abhang des Rano Raraku. Lediglich ein großer runder Stein mit zwei Augen – ein flachliegendes grobes Antlitz – lugte zwischen dem Gras hervor. Heyerdahls Mannschaft legte hier eine auf dem Rücken liegende, atypische Steinfigur von etwa 10 t Gewicht frei, den Moai Tuturi (s. S. 147; Abb. 17 B, 18) Mit Hilfe moderner Hebezeuge richteten die Männer den Koloß auf, der heute allein der Vielzahl späterer *moai* gegenübersteht. Er besitzt keinerlei gestalterische Verwandtschaft mit den benachbarten Statuen am Fuße des Vulkans. Der wohlgerundete Monolith sitzt auf den Fersen seiner waagerecht nach hinten gebogenen Unterschenkel. Die knienden Beine berühren sich in ganzer Länge. Die Arme liegen eng am Körper an, die Hände ruhen jedoch im Gegensatz zu allen anderen Großfiguren auf den Oberschenkeln. Der steif hochgereckte Oberkörper geht halslos in einen überproportional großen Kopf über, der, man könnte sagen herrisch, erhoben ist. Die Ohren sind länglich

17 Die Formentwicklung der *moai*: A Moai Escoria Roja, Tahai; B Moai Tuturi, Rano Raraku; C *moai* vom Ahu Vai Uri, Tahai; D Moai Ko Te Riku, Tahai; E *moai* vom Ahu Tongariki, Hotuiti; F Moai Paro, Ahu Te Pito Kura; G Noch mit dem Fels verbundener *moai*, Rano Raraku

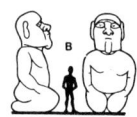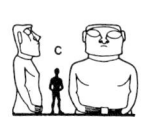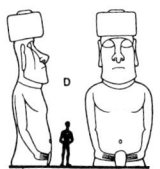

geformt, in den Kugelaugen treten die Pupillen hervor. Das Kinn endet in einem Bart. Mit einer Höhe von 3,67 m wirkt die Figur imposant und steht den späteren Statuen in nichts nach, obwohl stärkere Verwitterungsspuren ihre Oberfläche kennzeichnen.

Ahu

Nach Ansicht Heyerdahls stammen die außerordentlich exakt geschlagenen, aus Steinen errichteten Mauern einiger Kultplattformen ebenfalls aus dieser frühen Phase der Steinmetzkunst. Stellvertretend für diese Bauwerke, von denen die meisten in späterer Zeit niedergerissen oder überbaut worden sind, steht die seeseitige Mauer des Ahu O Tahiri (Vinapu I; Farbabb. 5). Mannshohe Basaltblöcke formen in zwei übereinanderliegenden Schichten die Abschlußwand der Plattform. Die Quader mit Längen bis zu 2,85 m wurden von den Steinmetzen mit bewundernswürdiger Präzision geschaffen, obwohl zur Herstellung der Bauteile nur Werkzeuge aus Stein zur Verfügung standen – Metall war damals auf der Osterinsel unbekannt. Die einzelnen Steinblöcke wurden zu rechtwinkligen Kuben verarbeitet und sauber aneinandergepaßt. Selbst heute kann man in manche der Fugen noch keine Messerklinge stoßen (s. S. 139 f.; Abb. 43).

18 Moai Tuturi

Im Gegensatz zu den glatten seitlichen Begrenzungsflächen sind die Vorderfronten leicht strukturiert, was die Monumentalität gegenüber einer geschliffenen Fläche unterstreicht. Verwitterungserscheinungen sind kaum erkennbar, ein leichter Flechtenbesatz deutet optisch das ehrwürdige Alter an.

Der Mauer ist die Priorität eines formalen Gestaltungswillens anzusehen, in dem die Ästhetik über Forderungen der Statik siegte. Man erkennt dies an der verhältnismäßig geringen Einbindetiefe der Natursteinverblendung. Dennoch bietet die tragende Innenkonstruktion gute Voraussetzungen zur Aufnahme von Lasten. Kopfgroße Lavasteine sind als Kernfüllung aufgeschüttet. Mit ihrer rauhen Oberfläche gewährleisten sie einen relativ steilen Lastabtragungswinkel und vermeiden dadurch einen übermäßigen Druck auf die Außenverkleidung.

Im polynesischen Raum ist Mauerwerk dieser Art einzigartig; lediglich im südamerikanischen Hochland finden sich Parallelen (s. auch S. 24).

Werke der mittleren Periode

Moai

Während dieser Zeit, die um 1100 begann und um 1680 so spektakulär mit der Schlacht am Poike-Graben endete, entstanden die Hauptwerke der Steinmetzkunst Rapa Nuis. Sie besitzen außerhalb der Insel keine Parallelen und bilden – laut Heyerdahl – eine interne Weiterentwicklung der monolithischen Kunst aus der Spätphase der frühen Kulturepoche. Stilistisch basieren sie auf lokalen Prototypen, aus denen sie durch weitgehende Abstraktion und Standardisierung hervorgegangen sind.

Nach übereinstimmender Meinung der Wissenschaftler stellten die Monumente keine ›Götzenbilder‹ dar, sondern Denkmäler zur Ehrung der Vorfahren. Sie dienten dem Gedächtnis verstorbener Könige, Häuptlinge oder anderer herausragender Männer. Cook und Forster erfuhren, als sie die Einheimischen mit Hilfe eines tahitischen Dolmetschers befragten, daß viele Statuen Eigennamen mit dem Zusatz *ariki* trugen. Dieser polynesische Ausdruck aber bedeutet König oder Häuptling, was nahelegt, daß es sich bei den *moai* um Erinnerungsmale für bestimmte Stammesführer handelt. Die Anfertigung erfolgte im allgemeinen durch die Nachkommen. Doch gab es gelegentlich auch Auftragsarbeiten bedeutender Männer, die sich bereits zu Lebzeiten eine dem Totenkult geweihte Stätte schufen.

Die Bildhauer vervollkommneten ihr Können im Laufe der Zeit ständig. Mit der Zunahme handwerklicher Fertigkeiten, die die Herstellung immer größerer Statuen technisch ermöglichte, ging offenbar der Wunsch nach wachsenden Dimensionen der *moai* einher. Es scheint, als kulminierte insulares Prestigedenken in den Ausmaßen der steinernen Giganten, was in der Spätphase der mittleren Periode zu einem Wettkampf um die Erstellung des größten *moai* und zu einer manieristischen Formenveränderung führte (Abb. 17 F, 17 G).

Als Indikatoren für das Alter eines *moai* können Statuengrößen, das Verhältnis von Breite zur Höhe der Gesamtfigur sowie die Kopfform gelten. Wie bereits erwähnt, nahm die Größe der *moai* im Laufe der Zeit kontinuierlich zu, die Schulterbreite hingegen nahm in Relation zur Höhe ab und bescherte den jüngeren Statuen dadurch eine elegantere Form. Der erst in der späteren Schaffensphase hinzugefügte Kopfaufsatz, der *pukao*, machte zudem eine ausgeformte Kopfwölbung überflüssig, wurde doch das Oberhaupt nun durch einen Aufsatz verdeckt. Die Stirn der jüngeren *moai*-Generation endet konsequenterweise kurz oberhalb der Augen. Gleichzeitig flachten die Hinterköpfe ab. Schließlich fielen die rückwärtigen Ohrbegrenzungen mit den gerade gearbeiteten Hinterkopfflächen in einer Ebene zusammen.

Der Kapuzinerpater Sebastian Englert zählte und markierte in den 30er und 40er Jahren unseres Jahrhunderts 638 Statuen, deren Zahl sich durch spätere Ausgrabungen und Entdeckungen auf bislang 867 erhöhte. 276 dieser *moai* befinden sich noch an den Abhängen der Steinbrüche und Bearbeitungsstätten des Rano Raraku, davon 193 in bereits ganz oder nahezu fertiggestelltem Zustand und 83 in der Frühphase ihrer Entstehung. Die übrigen erreichten größtenteils ihren endgültigen Bestimmungsort, einen der über 120 *ahu*, die sich entlang der gesamten Küstenlinie vertei-

68

Pukao

Viele Forscher bezeichnen den roten Aufsatzzylinder simplifizierend als Hut. Heyerdahl sieht in ihm jedoch einen stilisierten Haarschopf, der der damaligen Mode entsprechend zu einem hochgeschürzten Haarknoten zusammengebunden war. Die Einheimischen nannten den Aufsatz *pukao,* Scheitelknoten. Schon Métraux wies auf die Möglichkeit hin, in dem ausgebildeten ›Bukkel‹ vieler *pukao* den Versuch zu sehen, langes Haar darzustellen, das gemäß früherem Brauch zu einem Knoten geschlungen wurde. Doch nicht alle Zylinder weisen die obere Einschnürung auf. Einige sind prismatisch geformt, andere verjüngen sich leicht nach oben.

19 *pukao*

Eine dritte Deutung der Steinzylinder drängt sich auf: Geht man von der Annahme aus, in den *moai* die Abbildungen verdienstvoller Könige zu sehen, erscheint die Vermutung nicht abwegig, in den Kopfbedeckungen in Stein geschlagene Federkronen oder gleichartige Häuptlingssymbole zu erkennen.

Das Hinzufügen des steinernen Aufsatzes entsprach einer verhältnismäßig späten Praxis. Um die gewünschte rote Farbe zu erhalten, schlug man die *pukao* aus der rötlichen Gesteinsschlacke des Puna Pau-Kraters (s. S. 72, 134), 12 km entfernt von den Steinbrüchen des Rano Raraku. Noch heute findet man im Bereich des Puna Pau einige nicht ihrem Verwendungszweck zugeführte Zylinder: Der größte mißt 3 m im Durchmesser und hat mit einer Höhe von 2,50 m ein geschätztes Gewicht von über 20 t. Die durchschnittliche Größe der *pukao* liegt bei 2,40–2,80 m im Durchmesser und 1,20–1,80 m in der Höhe.

len. Diverse Monolithe zerbrachen jedoch während des Transports. (Die Zahlenangaben der verschiedenen Quellen differieren erheblich. Sie reichen bis zu 1 000 *moai* insgesamt, von denen noch 395 am inneren und äußeren Abhang des Rano Raraku stehen. Auch wird die Anzahl der *ahu* mit etwa 250 doppelt so hoch angegeben.)

Die jüngeren Statuen der mittleren Periode setzen sich aus zwei Elementen zusammen; der monolithischen Büste aus dem graugelben Lavagestein des Rano Raraku und dem zylinderförmigen Kopfaufsatz *(pukao)* aus der roten Gesteinsschlacke des Puna Pau-Kraters (s. S. 69, 134). Wenngleich der Aufsatz häufig fehlt, weist die einheitliche Kopfform der meisten *moai* darauf hin, daß die Häupter für eine Bedeckung konzipiert wurden. Der überproportional hohe Kopf endet kurz oberhalb der Augenpartie in einer Stirnandeutung. Die von dem *pukao* kaschierte Schädelwölbung fehlt. Soweit sich die Statuen noch an den Hängen des Rano Raraku befinden, ist die Augenpartie durch eine weitgehend unbearbeitete Schräge, die von den nicht dargestellten Brauen gegen die Wangen verläuft, roh belassen worden. Der lange und schmale Nasenrücken endet in einer deutlich vorspringenden Spitze, deren Flügel sich dreieckförmig gegen die Oberlippe senken. Dünne Lippen bestimmen den kleinen, leicht vorgeschobenen Mund. Darunter dominiert ein gewaltiges, breites Kinn mit kantigen Konturen.

Besonderes Augenmerk verdienen die Ohren dieses Typus, die oberhalb des Schläfenbereichs in einer Kalotte beginnen und ohne Muschelausbildung als schmale Lappen bis in Mundhöhe herabreichen. Sie enden in einer Rundung, häufig mit der Andeutung einer kreisförmigen oder länglichen Ausnehmung (Farbabb. 1). Zwar sind die Ohrläppchen etwas tiefer gezogen als bei naturalistischer Wiedergabe erlaubt, doch weisen sie nicht die Verlängerungen auf, die von frühen Besuchern der Osterinsel bei einigen Einheimischen beobachtet und zeichnerisch festgehalten worden sind (Abb. 7, 13). Ihnen reichte das gedehnte Ohrlappengehänge fast bis auf die

1 *Moai* am Außenhang des Rano Raraku. Auf dem Bauch der rechten Figur ist ein ▷ Schiff mit europäischer Beseglung eingeritzt

4 Petroglyphe des Gottes Makemake im Norden der Insel

◁ 3 Ahu Nau Nau, Anakena

6 Moai KoTe Rik

5 Ahu Vinapu I (O Tahiri)

7 Rano Raraku

8 See im Rano Kau

Bucht von Anakena – Landeplatz des Hotu Matua; im Hintergrund die Halbinsel Poike

11 Ahu A Kivi ▷

0 Blick vom Rano Raraku – im Hintergrund der Rano Kau

Schultern. In der Ohrform zeigt sich der Hang zur Abstraktion der bildhauerischen Werke am stärksten.

Bei den Statuen fehlt der Hinterkopf. Ein kurzer kräftiger Hals leitet in den Oberkörper über. Die Schultern sind gewölbt, jedoch schmal gehalten. Brustwarzen zieren die Brustmuskulatur. Ein scheibenförmiger Nabel markiert das Zentrum des relativ dicken Bauches. Die Arme mit den leicht gewinkelten Ellbogen liegen eng am Körper an. Die Hände sind bei den aufgestellten *moai* häufig verwittert. Dennoch zeigen einige Statuen, wie beispielsweise die rechten *moai* des Ahu Nau Nau in Anakena, relativ gute Handdarstellungen. Hier sind die auf dem vorgewölbten Leib ruhenden Hände mit ihren überlangen feingliedrigen Fingern, die sich unterhalb des Nabels fast berühren, deutlich erkennbar (Abb. 54). Alle Monolithe enden im Genitalbereich in einer flachen Standfläche, die ein Aufstellen auf planierten Flächen ermöglichte.

Gegenüber den Skulpturen der frühen Periode mit Körperhöhen von 2–3 m nehmen sich die Statuen der mittleren Ära geradezu riesig aus: Der größte je auf eine Kultplattform gestellte *moai* maß 9,80 m und wog 82 t. Hinzu kam ein zylindrischer Aufsatz von weiteren 2,40 und 11 t Gewicht (Abb. 19). Die gewaltigste bildhauerisch vollendete Statue steht am Fuß des Rano Raraku und mißt 11,40 m, die größte unvollendete Figur jedoch ist noch mit dem Fels verbunden und mißt vom Kopf bis zur Basis 20,90 m, was etwa der Höhe eines siebengeschossigen Hauses entspricht!

Die Bearbeitung des rohen Felsens geschah mit steinernen Handpicken. Heyerdahl fand noch 1956 Tausende dieser primitiven Werkzeuge zwischen den Abfällen am Steinbruch des Rano Raraku. Sie bestanden aus hartem vulkanischen Material, waren an beiden Enden grob zugespitzt und 12–17 cm lang. Die ungeschäfteten Picken ermöglichten es, den etwas weicheren Tuff unter Zuhilfenahme von Wasser, aus Kalebassen zugegossen, zu bearbeiten. Übereinstimmend kommen der amerikanische Archäologe W. Mulloy und Heyerdahl zu der Überzeugung, daß 30 Steinmetzen etwa ein Jahr für die Vollendung einer durchschnittlichen Figur von 5–6 m Höhe benötigten.

◁ 12 Moai Tuturi, Rano Raraku

21 Noch mit dem Fels verbundener *moai*, Rano Raraku (Zeichnung: H. Gatermann)

Die Bildhauer rissen zunächst die gewünschte Größe des geplanten Monuments auf einer geglätteten Fläche der Kraterwand an. Nebeneinanderstehend trieben sie sodann oberhalb der späteren Statue eine Nische in den Fels oder nahmen den Vortrieb direkt von oben in Angriff. Allmählich drangen die Männer gegen den Figurenkörper vor, gaben der Statue, die noch immer fest mit dem Berg verbunden war, die gewünschte Form. Zum Schluß begann die Unterhöhlung des Rückens, bis nur noch ein schmaler Steg das Rückgrat des zukünftigen *moai* mit dem gewachsenen Fels verband (Abb. 21). Nachdem man die Figur mit losen Steinen unterfüttert hatte, erfolgte die endgültige Ablösung vom Untergrund. Mit Schlitten, Seilen und Bremsklötzen versehen, rutschte der Koloß bergab einer vorbereiteten Terrasse entgegen, die am abfallenden Hang in den Schutt und das Erdreich gegraben und mit flachen Steinen gepflastert worden war. Auf diesem vorübergehenden Standplatz richteten die Steinmetzen die Statue auf und konnten nun auch den bislang vernachlässigten Rücken bearbeiten. Mit Ausnahme der Augen wurde jedes Detail fertiggestellt und die notwendige Feinglättung vorgenommen.

Nur die an ihren endgültigen Standorten aufgerichteten *moai* weisen tiefe Augenhöhlen auf. Barthel interpretierte die an den Hängen des Rano Raraku verbliebenen Figuren als Darstellungen

22 *moai* des Ahu Vai Uri, Tahai

lebender Persönlichkeiten, weil ihre Augenpartie nicht ausgearbeitet ist. Die Statuen der *ahu* aber – mit den leeren, ausgeschlagenen Augenhöhlen eines Totenschädels – deutete er als Abbilder Verstorbener. Heyerdahl hingegen hielt die noch am Werkplatz stehenden Statuen für blind. Er ging davon aus, daß sie erst auf den Plattformen sehend gemacht wurden, indem die Steinmetzen tiefe ovale Augenhöhlen ausmeißelten. Er vermutete sogar, daß Einlagen aus fremden Materialien die Höhlungen ausfüllten. Eine 1978 bei Anakena durchgeführte Grabung bestätigte die Annahme Heyerdahls: Im Schutt kam ein Augapfel zum Vorschein, der in eine Augenhöhle paßte; sein Weiß bestand aus Koralle, Iris und Pupille aus roter Lava. Der Fund ist heute im Inselmuseum ausgestellt.

Wie bereits ausgeführt, befinden sich noch mindestens 276 *moai* am Rano Raraku, davon 193 fast oder ganz fertig (Abb. 20, 21, 49, 50). Legt man die von Heyerdahl und Mulloy genannte Zeitspanne von einem Jahr für die Vollendung einer Statue zugrunde, handelt es sich um 193 Jahresarbeiten! Bei einem permanenten Einsatz von 150 Steinmetzen konnte an fünf Figuren gleichzeitig gearbeitet werden. Das bedeutet, die gesamte Arbeitsleistung von 40 Jahren liegt am Herstellungsort auf Halde! Hinzu kommt der Aufwand für 83 weitere Steinriesen in den unterschiedlichsten Stadien der Fertigstellung. Warum aber brachte niemand die vollendeten *moai* an ihren Bestimmungsort? Warum fertigte man sie überhaupt an und setzte soviel wertvolle Arbeitskraft ein? Sollten sie am Rano Raraku verbleiben, oder war vielleicht das Wissen um die Transporttechnik verlorengegangen – die Fähigkeit, diese enormen Lasten zu bewegen? Zu den vielen ungelösten Fragenkomplexen gesellt sich somit ein weiterer, der möglicherweise eine Schlüsselrolle in der Erfassung der Endphase der Osterinsel-Kultur einnimmt.

Ahu

Die Plattformen zur Aufnahme der *moai*, die *ahu*, befinden sich mit Ausnahme des Ahu A Kivi im unmittelbaren Küstenbereich. Bemerkenswert ist ihre Häufung an der Süd- und Nordostküste. Im Gegensatz zu den sorgfältig gearbeiteten Bauwerken der Früh-

Die ›schreitenden Statuen‹

Nach Aussagen und fester Überzeugung der einheimischen Bevölkerung bewegten sich die *moai* einst aus eigener Kraft und aufrecht vom Rano Raraku zu ihren oft viele Kilometer entfernten endgültigen Standplätzen. Da die wissenschaftsorientierten Europäer naturgemäß diese Überlieferung nicht als Erklärung gelten lassen konnten, entwickelten sie drei Theorien einer möglichen Beförderung durch Menschenkraft:

Heyerdahl stellte anfangs die These auf, daß ein Schlitten, bestehend aus einem Y-förmig gegabelten Baumstamm und mit einem festgelaschten Querholz versehen, dem Transport sowohl schwerer Steinquader als auch der Statuen diente. In einem praktischen Feldversuch untermauerte er seine Annahme. 180 Insulaner bewegten einen *moai* von 12 t Gewicht, der auf einem solchen Schlitten festgezurrt lag, an Seilen ziehend und auf einer ebenen Fläche innerhalb kurzer Zeit über eine beträchtliche Strecke.

Die Behauptung der Insulaner, die *moai* seien aus eigener Kraft und in aufrechter Haltung ›gegangen‹, veranlaßte Heyerdahl später, ein weiteres Experiment durchzuführen. Er ließ Seile an Kopf und Rumpf einer stehenden Statue befestigen. Mehrere Gruppen von Männern ergriffen sodann die Seilenden und versetzten den steinernen Koloß durch abwechselndes Ziehen und Nachgeben in eine Schaukelbewegung. Zogen sie nun zusätzlich schräg nach vorn, vollführte der *moai* jeweils eine leichte Drehung vorwärts, bevor die angehobene Seite wieder auf den Boden sank. Die behutsamen Kipp- und Kantbewegungen ließen die Statue langsam an Boden gewinnen – sie ›wanderte‹ –, wenngleich durch Menschenkraft dazu befähigt. Diese Fortbewegungsart verlangt aber einen völlig ebenen Untergrund, der auf Rapa Nui in den seltensten Fällen vorhanden ist.

Mulloy vertrat die Ansicht, daß der Transport durchaus in senkrechter Stellung, jedoch unter Verwendung eines Zweibeinbocks, erfolgt sein könnte. Diese Methode ist sowohl in Polynesien als auch in Amerika bekannt und käme der Legende von einem aufrechten Gang der Giganten nahe. Ein Seil umspannte Kinn und Hals des zu transportierenden Kolosses. Es endete an der darüber befindlichen Spitze des Bocks, dessen gespreizte Füße in einer Ebene vor der Statue auf dem Boden standen. Zog nun eine

Mannschaft die Spitze des Hilfsgerätes an einem Seilzug vorwärts, spannte sich die Halterung, der *moai* hob sich empor, pendelte nach vorn, überwand den Kulminationspunkt, und setzte dann unsanft wieder auf dem Boden auf. Nachdem die Füße des Bocks einige Schritte weiter gezogen waren, so daß die Statue erneut hinter ihnen stand, wiederholte sich der Vorgang. Die Schaukelbewegung hob den Monolith in die Höhe, ließ ihn nach vorn schwingen und setzte ihn dort auf den Boden zurück. Achtete man darauf, daß die hohe und schwere Figur nicht umfiel, scheint diese Art der Lastenbeförderung ein probates Mittel des Transports gewesen zu sein. Sie erklärt zugleich Berichte der Routledge-Expedition, die mehrere an den Transportwegen zurückgelassene Statuen fand – quer durchgebrochen, als ob sie aus

23 Beim Transport zerbrochener *moai*

aufrechter Stellung mit dem Gesicht nach unten gestürzt wären. Ungelöst erscheint jedoch die Frage nach dem Ursprung der benötigten Rundhölzer für den Zweibeinbock. Bei einer durchschnittlichen Skulpturengröße von 8 m müßten die Beine des Bockes mindestens 12 m lang gewesen sein – bei größeren Statuen entsprechend länger. Derartige Hölzer gab es jedoch auf der baumlosen Insel nicht!

Nach dem Transport stand den Handwerkern früherer Zeiten noch eine der schwierigsten Arbeiten bevor. Die monolithischen Kolosse mußten nach dem Erreichen ihres Bestimmungsortes auf die bereits fertiggestellte Plattform des *ahu* gehoben und dort aufgerichtet werden. Wiederum in einem gelungenen Feldversuch bewiesen die mit Heyerdahl zusammenarbeitenden Einheimischen unter Verwendung einfacher Mittel die mögliche Aufstellung eines *moai*. Als Versuchsobjekt diente eine Statue von etwa 25 t Gewicht, die von ihrem Podest gestürzt, nun bäuchlings, den Kopf hangabwärts 3 m vor dem Postament lag. Zwölf Männern gelang es, den Steinkoloß in 18 Arbeitstagen auf seinen alten Standplatz zu hieven und ihn dort aufzurichten. Dazu benutzten sie als Hilfsmittel nichts weiter als zwei kräftige Hebebäume und eine Unmenge kleiner und großer Steine, die in genügender Zahl umherlagen. Zehn Helfer lüpften die Statue abwechselnd links und rechts oder oben und unten um wenige Millimeter an, indem sie unter Einsatz ihres Körpergewichts die Balken als Hebel benutzten, während die beiden übrigen Männer Steinkeile und Kiesel in die entstandenen Hohlräume schoben oder später kleine Steine gegen größere austauschten. So wuchs der gestürzte *moai,* immer noch bäuchlings liegend, unendlich langsam, doch stetig, auf einem Turm aus Steinen in die Höhe. Nach zehn Tagen befand sich die Subkonstruktion höhengleich mit der *ahu*-Plattform. In den restlichen acht Tagen setzte sich die Kombination aus Hebebaumeinsatz und Steinunterstopfung fort, nur setzten die Männer die Hebelkraft nun vornehmlich im Kopfbereich an. Schon bald geriet die Figur in bemerkenswerte Schräglage, der Basiswinkel wuchs immer mehr an, höher und höher ragte der Kopf empor, bis der *moai* unter Waltung allergrößter Vorsicht und mit Hilfe mehrerer Führungsseile auf seine Standfläche kippte und damit die senkrechte Stellung erreichte.

Nachdem seit vielen Jahrzehnten kein *moai* mehr auf einem *ahu* gestanden hatte, befand sich nun wieder eine Statue an ihrem angestammten Platz. Während späterer Expeditionen richteten Mulloy und Figueroa weitere auf. Heute begegnen dem Besucher der Osterinsel wieder steinerne Riesen – aufrecht stehend als stumme Zeugen der vergangenen Kultur dieses Eilands. Zu nennen sind die fünf archaisch anmutenden, stark verwitterten *moai* von Tahai (s. S. 120 ff.; Farbabb. 2; Abb. 39) am nördlichen Ortsrand von Hanga Roa sowie die benachbarte Einzelstatue Ko Te Riku (Farbabb. 6) die mit ihrem hohen Kopfschmuck einen imponierenden Eindruck der Größe bietet; außerdem der Ahu A Kivi mit sieben Giganten (s. S. 131 ff.; Farbabb. 11; Abb. 41), der sich als einziger im Inselinnern befindet, sowie die Gruppe der sieben *moai* auf der Plattform des Ahu Nau Nau in der Bucht von Anakena (s. S. 154 ff.; Titelbild; Farbabb. 3; Abb. 53), von denen vier unterschiedlich geformte *pukao* tragen.

Wahrscheinlich erfolgte das Aufstülpen der roten Tuffstein-Zylinder in derselben simplen, jedoch effektiven Vorgehensweise wie das Aufrichten der monolithischen Großfiguren selbst. Im letzten Arbeitsgang reichte die schräge Rampe dem *moai* bis an das Kinn. Mit einer entsprechenden Vergrößerung erlaubte die Subkonstruktion sodann das Hochziehen des Kopfaufsatzes.

zeit, die anhand des Ahu Vinapu I beschrieben wurden, standen für die Errichtung der Postamente der mittleren Periode weniger ästhetische als vielmehr statische Konstruktionsmerkmale im Vordergrund. Wenngleich die *ahu* häufig auf den Resten ihrer Vorgänger aus der frühen Ära basierten und lediglich durch Veränderung oder Überbauung derselben entstanden, weisen sie dennoch nur geringe Ähnlichkeit mit ihnen auf.

Ein *ahu*-Bauwerk verläuft parallel zur Küstenlinie. Es erhebt sich abrupt und fast senkrecht mit Höhen bis zu 4 m über dem felsigen Uferterrain. Auf der Landseite verliert es sich nach einer Stufe, die die Plattform auch hier deutlich begrenzt, in einer weiten Schräge gegen die Grasnarbe des Erdreichs. Die Außenflächen des breit gelagerten Unterbaus bestehen aus großformatigem Natursteinmauerwerk. Mehr oder weniger behauene Quader fassen die eigentliche Plattform ein. Ihre Oberfläche wie auch die der landseitigen Rampe sind mit Erdreich aufgefüllt, mit Gras bewachsen und mit kopfgroßen runden Geröllsteinen belegt. Die Steinplazierung erfolgte in regelmäßigen Abständen voneinander und in Reihen angeordnet, jeweils auf Lücke zur vorgelagerten Zeile. So entstand ein symmetrisches Steinmuster, eingebettet in die Grasnarbe. In der Verwendung naturrunder Steine bei den *ahu* der mittleren Periode ist die Verwandtschaft mit den *marae* (s. auch S. 24), den heiligen Bezirken Polynesiens, nicht zu übersehen. Als Kernfüllung der *ahu* dienten dichtgelagerte, rauhe Lavabrocken, die eine hervorragende Lastabtragung (s. S. 67) gewährleisteten – unabdingbar für das nun übliche Aufstellen von *moai*.

Vor den *ahu* breitete sich ein freier Platz aus: Die Gesamtanlage erinnert an eine Bühne, ausgerichtet auf den Ort der größten Bedeutung, der hohen Plattform mit den Statuen der verstorbenen

24 Zwei *ahu* der Zeremonialanlage Tahai, die nur je einen *moai* aufweisen – Ahu Ko Te Riku und Ahu Tahai

Könige und Häuptlinge. Die *moai* blickten stets landeinwärts auf die Freifläche zu ihren Füßen (Farbabb. 2, 3). Hier versammelten sich die Menschen zu kultischen Ritualen. Nichts lenkte ihre Gedanken oder ihre Blicke ab, denn hinter den *ahu* dehnte sich nur die Weite des Meeres und des Himmels.

Einige *ahu* wurden hervorragend restauriert und vermitteln ein signifikantes Bild ihrer früheren Einbettung in die herbe Insellandschaft. Aus einer gewissen Entfernung kann sich der Betrachter des Eindrucks nicht erwehren, ein Boot mit aufrecht stehenden Riesen zu erblicken.

Die Theorie, *ahu* seien von Anfang an als Begräbnisstätten konzipiert worden, trifft nach Heyerdahl für die ursprünglichen Bauwerke nicht zu. Sie waren ausschließlich Zeremonialplattformen für die Aufnahme der Denkmäler zu Ehren der Toten. Archäologische Untersuchungen zeigten, daß Grabkammern erst am Ende der mittleren und während der späten Kulturphase geschaffen wurden. Einzel- oder Mehrfachbestattungen erfolgten häufig in solchen sekundär angelegten Gewölben, in schmalen Schächten oder verstreut unter dem Mantel lockerer Steine.

Auffallend ist die Diskrepanz zwischen den aufwendigen Kultanlagen und den frühen Wohngebäuden. Als typische Hausform der Osterinsel ist das *hare paenga* – eine Wohnhütte aus vegetabilen Materialien – anzusehen. Ihr steinernes Fundament ähnelt einem extrem langgezogenen Oval. Die einzelnen Fundamentsteine waren zwischen 0,5 und 2,5 m lang, 20–30 cm breit und fußten bis zu einem halben Meter im Erdreich. An der Oberfläche wiesen sie in unregelmäßigen Abständen Löcher von 3–5 cm Durchmesser und 5–8 cm Tiefe auf. Die Löcher bildeten die Widerlager für die Wand-Dach-Konstruktion. Hölzerne Stangen steckten in ihnen und wölbten sich in Halbkreisbogen zum First, wo ihre Spitzen durch Seile miteinander verbunden wurden. Zweige verbanden die tragenden Konstruktionsglieder und nahmen gleichzeitig die Dachhaut aus Gras oder Schilf auf. Die fensterlosen und nur durch eine Kriechöffnung erschlossenen Hütten glichen umgestülpten Booten.[1] Sie dienten lediglich zum Schlafen, vollzogen sich doch alle übrigen Verrichtungen im Freien. Konsequenterweise waren den Eingängen gepflasterte Wohnhöfe vorgelagert. Dieser Hüttentyp setzte sich über Jahrhunderte hinweg unverändert fort. Selbst die europäischen Entdecker fanden ihn noch vor.

Die späte Periode

Mit der großen kriegerischen Auseinandersetzung gegen Ende des 17. Jh. begann die dritte Phase in der Geschichte der Osterinsel.

---

1 Edwin N. Ferdon (Jr.) weist auf die Ähnlichkeit der Häuser zu den Kabinen der Doppelrumpf-Boote von Tuamotu hin. Er legt eine Beziehung nahe zwischen der ovalen Hausform und der Ankunft Hotu Matuas. Laut Ferdon finden sich bei Gonzáles Indizien dafür, daß die ovalen Häuser speziell höhergestellten Insulanern als Wohnstatt dienten. Ebenso fügen sich für ihn ein ehedem gefeiertes Bootsfest sowie die gelegentlich in Bootsform erfolgende Drapierung von Hochzeitsgeschenken in das Bild einer möglichen kultisch-rituellen Bedeutung.

Die Tradition der *moai* und *ahu* brach ab, es setzte eine systematische Zerstörung der Kultstätten aus der mittleren Periode ein, der nach und nach alle Großfiguren zum Opfer fielen. Die Sieger des Krieges (die ›Kurzohren‹) stießen die *moai* nieder – um ihren Sieg nach außen zu dokumentieren und zugleich die den Statuen innewohnende Kraft (*mana*; s. S. 44) zu brechen. Aufgefundene Grabkammern in den *ahu* stammen, so ergaben archäologische Untersuchungen, aus dieser späten Periode.

Das künstlerische Schaffen auf Rapa Nui beschränkte sich nun neben der Anfertigung von Steinfigurinen hauptsächlich auf Arbeiten aus Holz und griff somit polynesische Traditionen auf.

25 »Die Hütte des Häuptlings«, Ausschnitt nach einer Zeichnung von Pierre Loti aus dem Jahre 1873, die ein *hare paenga* zeigt. Aus: »1500 Jahre Kultur der Osterinsel«, Mainz 1989

Weitere Zeugnisse der Osterinsel-Kultur

Die Petroglyphen und Höhlenmalereien

Über die ganze Insel verstreut befinden sich Felszeichnungen – und zwar sowohl in Höhlen als auch im Freien. Allein Lavachery entdeckte und beschrieb 104 Petroglyphen an 14 verschiedenen Orten des Eilands. Bis heute sind 4 300 Felszeichnungen erfaßt. Hierbei sind – von Einzelexemplaren abgesehen – drei Themenkreise abzugrenzen: die kultischen Darstellungen mit ihrem Schwerpunkt in Orongo, Abbildungen maritimer Fahrzeuge sowie anthropomorphe und zoomorphe Figuren.

Die wohl interessanteste Häufung kultischer Petroglyphen ziert die Felsen von Orongo hoch über dem Rano Kau an der äußersten Südwest-Spitze der Osterinsel. Hier befand sich ein Kultzentrum hohen Ranges. Einmal im Jahr versammelten sich die Würdenträger der auf der Insel ansässigen Stämme an diesem Ort zur Wahl ihres religiösen Oberhaupts. Der Termin fiel mit dem Beginn der Brutzeit der Seeschwalben zusammen, die als Nistplatz die vorgelagerte Insel Motu Nui wählten. Bereits Tage vor der Ankunft der Vögel spähten Beobachter nach ihnen aus, und sobald ein Schwarm gesichtet worden war, begann der Wettkampf um das erste Seeschwalbenei. Ausgewählte Männer – entweder die Würdenträger selbst oder ihre Diener – eines jeden Stammes schwammen durch die Brandung zu dem über einen Kilometer von der Küste entfernten Eiland. Sie versuchten, das erste Vogelei für sich zu gewinnen, bargen es in einem Schilfkörbchen, schwammen damit unverzüglich zurück und erklommen über die schroffen Klippen des Rano Kau das 300 m hoch gelegene Plateau von Orongo. Der erste, der mit einem unbeschädigten Seeschwalbenei zurückkehrte, war zum

Vogelmenschen für das folgende Jahr auserkoren. (Ein Diener erwarb die Ehre nie für sich, sondern stets für seinen Herrn.)

Der Vogelmann stellte die höchste religiöse Instanz dar und war zugleich der Mittler zwischen dem Schöpfergott Makemake und den Menschen der Osterinsel. Ihm oblag der Schutz der Insel und das Wohl der Bewohner wie auch die Pflicht, die Voraussetzung für das Einbringen einer ausreichenden Ernte und eines genügenden Fischfangs zu schaffen. Als äußeres Zeichen seiner herausgehobenen Mittlerposition wurde dem Vogelmann der Kopf geschoren und rot gefärbt. Anschließend führte ihn eine feierliche Prozession zu einer Grotte, verschloß diese weitgehend, und nur eine kleine Schar von Dienern brachte ihm in der Folgezeit Nahrung. In der Abgeschiedenheit und den Göttern nahe verbrachte der Erwählte die nächsten zwölf Monate einsam und asketisch. Während dieser Zeit der Klausur durfte er die Sonne nicht sehen, sich nicht waschen, das Haar und die Nägel nicht schneiden (einige Monate lang), keinen Menschen berühren – eine wahrhaft entsagungsvolle und harte Prüfung.

Die Gestalt des Vogelmenschen ist in vielen einzigartigen Basreliefs gemeinsam mit Abbildungen des Gottes Makemake in die Felsen von Orongo gemeißelt. Das Bild der Gottheit beschränkt sich auf die Darstellung des Gesichts. Die runde Schädelform verläuft kreisförmig über Schläfen, Wangenknochen und Wangen gegen die Nase, die von den ovalen Augen breitrückig herabführt und in einer dreieckförmigen Spitze endet. Ohren und Mund sind nicht vorhanden. Dagegen steht die vollausgeführte Vogel-Mensch-Gestalt, deren Leib und Extremitäten mit unterschiedlicher Gewichtung zum Menschen oder zum Tier tendieren. Eindeutig ist die Kopfpartie. Ein Dreiviertelkreis sitzt mit seiner Öffnung auf einem schlanken Hals, umschließt das zentrale, ebenfalls kreisrunde Auge und verliert sich in einem langen, an seiner Spitze gebogenen Schnabel. Der Vogelmensch steht im allgemeinen aufrecht und berührt häufig das Gesicht des Gottes Makemake. Die Vielzahl der Petroglyphen auf Orongo überrascht, und die Legende berichtet, ein jeder zu dem Mittleramt gewählte Priester habe sich in dieser Form verewigen lassen.

Doch sind die Makemake-Abbildungen nicht nur auf Orongo beschränkt (Farbabb. 4). Das Gottesgesicht schmückt auch diverse Höhlen, freiliegende Felsplatten oder Brunneneinfassungen.

Mit den Petroglyphen maritimen Charakters befaßte sich der Ethnologe Barthel intensiv. Sie sind zweifellos von großem Interesse für die Beantwortung der Frage, mit welchen Fahrzeugen einwandernde Stämme die isolierte Insel erreichten. In diesem Zusammenhang fesselte Barthel eine Ritzzeichnung von der Westküste besonders. Sie zeigt ein doppelt gekurvtes Boot mit vogelkopfartigem Steven, eine Gruppe von Hähnen mit Federkronen und die Schwanzflosse eines großen Fisches. Barthel zog daraus den ebenso kühnen wie eigenwilligen Schluß, das Bild zeige die Ankunft eines polynesischen Kundschafterbootes mit einer Besatzung aus jungen Männern, dargestellt als Hähne. Ihm soll dann einige Monate später unter Führung Hotu Matuas das Gros der Siedler in einem Doppelrumpf-Boot gefolgt sein, das in der Osterinsel-Überlieferung auch mit zwei Haifischen verglichen wird.

Andere Petroglyphen deutete Barthel als die Wiedergabe von Dreimastern mit einer Rahenbesegelung, also europäischen Schiffen. Er datiert sie frühestens auf das Jahr 1774, das Jahr also, in dem James Cook die Osterinsel besuchte (s. S. 49 ff.). Mehr als ein Kuriosum soll die ›Tatauierung‹ eines *moai* erwähnt werden. Bei Ausgrabungsarbeiten am Rano Raraku entdeckte die Heyerdahl-Expedition auf dem Bauch einer Statue die Darstellung eines Dreimasters mit voller Besegelung (Farbabb. 1). Der *moai* war bis zur Brust im Erdreich vergraben, und unmittelbar unter der Grasnarbe begann das Bildnis. Der Schiffsrumpf gleicht einer leicht gebogenen Banane mit spitzen Enden und umspannt die gesamte vordere Breite des Leibes. Die Masten reichen hoch hinauf. Die Übereinstimmung mit europäischen Schiffen des 16.–18. Jh. ist unverkennbar und läßt die Entstehung der Ritzzeichnung in dieser Zeit vermuten.

Schließlich ein Wort zu dem dritten Themenkreis der Petroglyphen. Zum Verständnis der Lebenswelt auf der wohl isoliertesten Insel unserer Erde gehört die Erkenntnis, daß sich die dem Menschen nützliche Fauna neben dem Huhn in Seevögeln und Meerestieren erschöpfte. So nimmt es nicht wunder, wenn die Einheimi-

27 Petroglyphe von Makemake und Vogelmann (Zeichnung: H. Gatermann)

schen die Tiere ihres bekannten Lebenskreises abbildeten. In diese Rubrik gehören einige hervorragende Reliefs leicht stilisierter Vögel im Flug wie auch als Gravuren wiedergegebene Konturen von Wal und Hai, Schildkröte und Tintenfisch. Diese Darstellungen verdanken ihr Entstehen entweder der Verehrung einzelner Tierarten oder der Beschwörung des Jagdglücks. Zu finden sind sie sowohl auf behauenen Steinquadern, etwa am Ahu Nau Nau in Anakena (Abb. 53), oder auf einigen aus dem Boden ragenden Felsplatten, wie in Hotuiti oder an der Nordostküste.

In den Bereich religiöser Darstellungen gehören auch Reliefs menschlicher Köpfe und Körper, die die Routledge-Expedition in mehreren Höhlen entdeckte und die von ihr einem Totenkult zugeschrieben wurden. Desgleichen sind an vielen Stellen Felsschnitzereien von Vulven anzutreffen. Sie entstanden relativ spät und gehören zweifellos in den Zusammenhang eines Fruchtbarkeitsrituals.

Im Gegensatz zu den abwechslungsreich gestalteten und an vielen Stellen der Insel anzutreffenden Petroglyphen finden sich Malereien lediglich in Höhlen. Vornehmlich an der Westküste bieten

28 Höhlenmalerei in Orongo, die Zeremonialpaddel (*ao*) zeigt

Grotten gute Beispiele dieses Sujets. Als Farbe dominiert Rot, akzentuiert von weißen Konturen und schwarzen Details. Die Themen reihen sich in das Spektrum der Petroglyphen ein. So stehen Makemake-Abbildungen – auch als farbige Hervorhebung von Flachreliefs – neben solchen des Vogelmannes. Auffallend ist die Häufung des göttlichen Gesichts in einigen Höhlen. Zweifellos ein Indiz dafür, daß diese Plätze rituellen Zwecken dienten.

Breiten Raum nehmen Zeichnungen von Seevögeln ein, insbesondere von Seeschwalben. In hervorragenden Bewegungsstudien sind die Tiere eingefangen und zum Teil auf das Wesentliche abstrahiert. In der Höhle Kai Tangata (s. S. 135) befindet sich eine außerordentlich beeindruckende Gruppe. Die Vögel scheinen hier einen tänzerischen Reigen zu vollführen.

Eine weitere Themengruppe stellen die Nachbildungen der *ao* dar, der reichgeschnitzten Zeremonialpaddel (s. S. 116 f.). Die en face-Bilder in den Grotten von Orongo geben in weißen Linien über rotem Grund das genaue Abbild der *ao* mit dem langgezogenen Gesicht, der schmalen Nase, die in die Brauen übergeht, die gedehnten Ohrläppchen sowie den Haar- oder Federaufsatz wieder. Die Augenfarbe ist schwarz mit weißer Umrahmung. Leider sind die Verfallserscheinungen hier besonders ausgeprägt.

Abschließend seien noch abstrakte Felsbilder erwähnt: einfache Linien, Kreise, Kurven oder Punkte. Neben Beispielen auf Felsplatten in der Natur sind einige Exemplare in dem Inselmuseum ausgestellt.

Die Schrifttafeln

Neben den Statuen der mittleren Periode bezeugt nichts so augenfällig das hohe Niveau der alten Osterinsel-Kultur wie die hölzernen Schrifttafeln, die *kohau rongorongo*. Leider sind nur wenige Exemplare erhalten geblieben. In den Museen der Welt befinden sich kaum zwei Dutzend von ihnen. Nach Schätzungen beträgt das Alter der verfügbaren Schrifttafeln nur wenig mehr als 250 Jahre. Das verwundert, da ihre Entstehung damit in die kulturell unergiebige Spätphase fiele (s. S. 94) – wahrscheinlich handelt es sich aber um Kopien älterer Originale.

In diversen Berichten über die Osterinsel taucht immer wieder die Vermutung auf, daß in geheimen Höhlen weitere Schrifttafeln – auch höheren Alters –, sorgfältig verwahrt und durch trockene Lagerung gegen Verfall gesichert, der Entdeckung harren. Phantasievolle Autoren sprechen sogar von der ›Bibliothek der Könige‹. Aus all diesen Aussagen spricht die Hoffnung, durch Vergleiche einer größeren Anzahl von Exponaten der Lösung ihres Geheimnisses näher zu kommen.

Viele *kohau rongorongo* wurden auf Geheiß der ersten Missionare verbrannt (s. S. 54) oder von den Einheimischen aus Angst vor dieser Vernichtung versteckt. Die Tafeln genossen hohe Wertschätzung bei den Inselbewohnern und fehlten in kaum einer Hütte, obwohl bereits zu dieser Zeit – der katholische Laienbruder Eugène Eyraud erreichte 1864 als erster Missionar die Osterinsel (s. S. 52 f.) – niemand mehr den Inhalt der Tafeln zu lesen vermochte. Die *kohau rongorongo* waren zu bloßen Ritualobjekten geworden. Verschiedenen Dokumentationen zufolge waren selbst die Insulaner, die noch traditionelle Kenntnisse besaßen, nicht imstande, die Bedeutung eines einzigen Zeichens anzugeben, geschweige denn das Ideogramm für ein einfaches Wort oder einen Begriff zu zeichnen. Sie wußten, daß jede Tafel einen spezifischen Text enthielt, konnten aber den Text keiner bestimmten Tafel zuordnen. Wenn sie rituelle Passagen oder Legenden rezitierten, geschah dies auswendig, ohne auf das Schriftbild zu schauen. Wechselte man während der Rezitation die Tafeln aus, fuhren sie ohne Unterbrechung im ursprünglichen Text fort, erkannten die Verschiedenartigkeit der Unterlagen nicht. Zieh man daraufhin den Lesenden der Täuschung, reagierte er beleidigt. Er hatte nicht die Absicht zu betrügen, wußte er doch gar nicht, was richtiges Lesen überhaupt ist. Für ihn reduzierte sich die Holztafel zum reinen Kultsymbol.

Wahrscheinlich ist die Kunst, die Tafeltexte zu lesen, bereits vor längerer Zeit verlorengegangen. Die Neuanfertigung von Schrifttafeln beschränkte sich später auf das zeichengetreue Kopieren alter Exemplare. Die Kunst des ›Schreibens‹ erlernten die Eleven in einer speziellen *rongorongo*-Schule. Noch der Kapuzinerpater Englert berichtete von einem alten Insulaner, der in seiner Jugend an dem

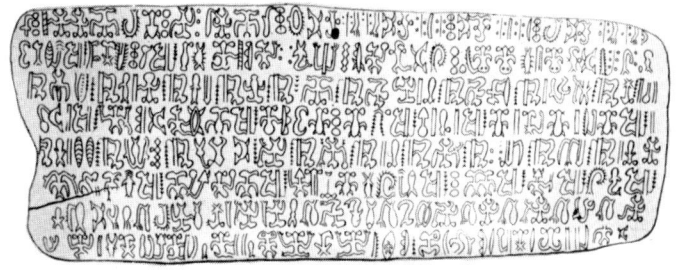

29 Kopie einer *rongorongo*-Tafel, Inselmuseum, Hanga Roa

Unterricht teilgenommen hatte. Die Disziplin in der Schule soll sehr streng gewesen sein. Die Schüler mußten die Texte auswendig lernen. Hierbei durften sie weder sprechen noch spielen, sondern hatten in vorgeschriebener Körperhaltung aufzupassen. Konnten sie die Überlieferungen wortgetreu rezitieren, begannen sie die Schriftzeichen zu kopieren. Die ersten Abschreibeübungen erfolgten jedoch nicht auf Holz, sondern mit Hilfe eines spitzen Vogelknochens oder eines angespitzten Stöckchens auf Bananenblättern. Erst wenn der Schüler ein gewisses Maß an Vollkommenheit beherrschte, durfte er sich an einer Holztafel versuchen. Hier verwendete er dann sehr feine Obsidiansplitter oder scharfe Haifischzähne zum Einritzen der Ideogramme.

Der Schreiber begann in der linken unteren Ecke und setzte ein Zeichen neben das andere zu einer ununterbrochenen Zeile. War diese beendet, drehte der Schnitzer die Tafel um und fuhr nun wiederum von links nach rechts schreibend in seiner Arbeit fort. Die Zeilen verlaufen somit im System eines Bustrophedon mit zusätzlicher Drehung der Schreibunterlage, also in Serpentinen, von unten nach oben, wobei jede zweite Zeile auf dem Kopf steht. Wie der Schreiber ist auch der Leser gezwungen, die *kohau rongo-rongo* nach Beendigung einer jeden Zeile zu drehen. Genauso verfuhren die Rezitatoren späterer Zeiten, wenn sie die Täfelchen bei kultischen Handlungen einsetzten.

Die Schnitzer verwendeten normalerweise ebene Holzplatten als Schreibflächen, vorzugsweise des einheimischen *toromiro*-Baums. Doch genügte ihnen auch ein flaches Stück Treibholz oder ein

Brett. Ausnahmen stellen *rongorongo*-Ideogramme als Steinritzungen, Ergänzungen auf Pektoralen sowie in Einzelfällen auf runden Stöcken oder Pottwalknochen dar.

Der deutsche Ethnologe Barthel, der sich eingehend mit der Entschlüsselung der *kohau rongorongo* beschäftigte, kam aufgrund einer Separation und Numerierung ihrer einzelnen Zeichen zu dem erstaunlichen Zählergebnis von mehreren hundert verschiedenen Symbolen, der überwiegende Teil abstrakter Form. Doch verbleibt eine große Anzahl bildlich an der Natur orientierter Zeichen, wie Fische oder Vögel, Menschen oder menschliche Körperteile, Kultgegenstände oder Monstren.

Die Figuren sind nur in ihren Konturen abgebildet, die Innenflächen also leer. Ein Mund ist beispielsweise nur im Profil erkennbar, Ohren sind, wenn vorhanden, groß und abstehend. Die Zahl der angedeuteten Finger reduziert sich auf drei, eine auffallende Parallele zu den dreifingerigen Menschendarstellungen der neuseeländischen Maori. Abbildungen von Vogelköpfen geben das Profil mit starker Betonung kräftiger, am Ende gebogener Schnäbel wieder. Viele Körper enden janusköpfig. Ferner zu verzeichnen ist ein Hang zu ornamentaler Ausschmückung. Ob diese bereits der originalen Schrift anhaftete oder als zierendes Beiwerk späterer Kopisten anzusehen ist, kann nicht eindeutig entschieden werden. So sind bei abstrakten Zeichen dekorative Ergänzungen zu erkennen, in denen assoziationslose Symbole durch Hinzufügung von Fischschwänzen, Vogelköpfen, menschlichen Gliedmaßen und dergleichen eine formale Vollendung erfuhren.

Für zahlreiche Forscher bedeutet die Entzifferung der *kohau rongorongo* eine Herausforderung. Nach oft jahrelangen Mühen wähnte sich mancher dem Ziel einer Entschlüsselung nahe; aber bislang hielt keine Arbeit der sachkundigen Überprüfung stand. Es ist wohl so, wie der russische *rongorongo*-Fachmann Knorozov resignierend feststellte – die Fähigkeit, die Schrifttafeln der Osterinsel zu lesen, ging mit dem Tod des letzten in ihre Geheimnisse Eingeweihten lange vor der Ankunft der ersten Missionare unter. Als zusätzliche Schwierigkeit bei der Dechiffrierung der Schrifttafeln ist zu werten, daß weder die Sprache, in der die Texte abgefaßt wurden, bekannt ist, noch die einzelnen Ideogramme semantisch klar zu erfassen sind, geschweige denn das Satzgefüge zutage tritt. Eines jedoch glauben die Wissenschaftler feststellen zu können: Die *rongorongo* ist keine Buchstabenschrift im eigentlichen Sinne, sondern besteht aus Lautkombinationen wie Silben, Wörtern oder Begriffen. Sie hat die Funktion eines mnemotechnischen Systems, das bei gesungenen Erzählungen als Gedächtnisstütze diente.

In der Frage nach der Wurzel der Schrift herrscht ebenfalls keine Einigkeit. Geben die einen der Theorie der inselinternen Entwicklung den Vorzug, erkennen andere Wissenschaftler Verwandtschaft zu frühen Schriften in fernen Räumen und gelangen in der geographischen Zuordnung bis ins Indus-Tal im Westen oder nach Südamerika im Osten.

Kleinere Kultobjekte aus Holz oder Stein

Die Holzschnitzarbeiten früherer Zeiten dienten ausschließlich kultischen Zwecken und hatten demzufolge eine tiefe religiöse Bedeutung. Ihnen wohnten magische Kräfte inne, die sich in verschiedensten Schutzfunktionen äußerten. Als real existierende Gegenstände gaben sie den Menschen eine greifbare Handhabe gegen Dämonen und Geister. Den Figurinen fiel damit die Aufgabe zu, Personen und Eigentum gegen Willkür und Wirken der unsichtbaren Mächte zu schützen (s. S. 42).

Bereits früh erkannten die Bewohner der Osterinsel das Interesse der Europäer an den Holzschnitzarbeiten und begannen, die Kunst kommerziell zu nutzen. Heute steht die Holzschnitzkunst wieder in hohem Ansehen, doch sind die Exponate ihrem ursprünglichen Sinn entfremdet und zur touristischen Handelsware reduziert worden. Diese Wandlung brachte zweifellos auch schnell verfertigte Massenartikel minderer Qualität aus billigen Importhölzern auf den Markt. Dennoch findet der Kunstinteressierte nach einigem Suchen auch jetzt noch hervorragende Exemplare von hohem künstlerischem Anspruch, die den frühen Originalen in nichts nachstehen. Ihre sichtbaren Flächen sind im fertigen Zustand geschliffen und poliert.

Die wohl am häufigsten geschnitzte Figur der Osterinsel ist die des Beschützers *moai kavakava*, die zur Abwehr böser Geister in keiner Wohnhütte fehlte (s. S. 42 f.). Es handelt sich um die Darstellung eines gebückt stehenden, ausgemergelten Mannes. Gesichtszüge und Körperformen sind weitgehend standardisiert. Der Kopf ist überproportioniert, die krummen Beine hingegen zu kurz geraten. Alte Exemplare sind zwischen 50 und 60 cm groß, die neueren meist kleiner.

Eine große, stark gekrümmte und schmale Nase mit herabgezogener Spitze beherrscht das Gesicht. Die mandelförmigen Augen haben eine Iriseinlage aus einem Fischwirbel oder einem Muschelring mit schwarzer Obsidianscheibe als Pupille. Darüber wölben sich wulstartige Brauen. Die Backenknochen springen vor und unterstreichen die hohlen Wangen. Der schmallippige Mund scheint zu grinsen. Das Kinn tritt scharf heraus, geziert von einem Spitzbart. Die Ohren enden in den von Pflöcken langgezogenen Läppchen. Statt Haar oder einer Kopfbedeckung schmückt ein Relief die Schädelhaut, dessen Motivpalette von bärtigen Männern über Vögel, Schildkröten oder Vierfüßler bis hin zu Sternen oder abstrakten Symbolen reicht.

Der naturalistisch geschnitzte Hals mit dem vorspringenden Kehlkopf neigt sich nach vorn. Als beherrschendes Merkmal des Körpers treten die Rippen über dem eingefallenen Bauch weit hervor. Diese auffallenden Rippen, *kavakava*, gaben der Figur den Namen. Ohne das Brustbein besonders hervorzuheben, ragt ein übertrieben langer, einwärts gekrümmter Schwertfortsatz unter dem Brustkorb in den eingesunkenen Bauch hinein. Das ausgemergelte Äußere setzt sich im Rücken mit den reliefartig aufliegenden Schulterblättern und dem eingekerbten Rückgrat fort. Das Gesäß ist gerundet, der beschnittene Penis leicht erigiert. Die kurzen Beine wirken bemerkenswert stämmig im Vergleich zu den langen schlanken Armen, die bis an die Seiten der Oberschenkel herabhängen.

Die Figur des *moai kavakava* findet sich als Gesamtkomposition nirgendwo außerhalb der Osterinsel, wenngleich Einzelelemente auch andernorts zu beobachten sind.

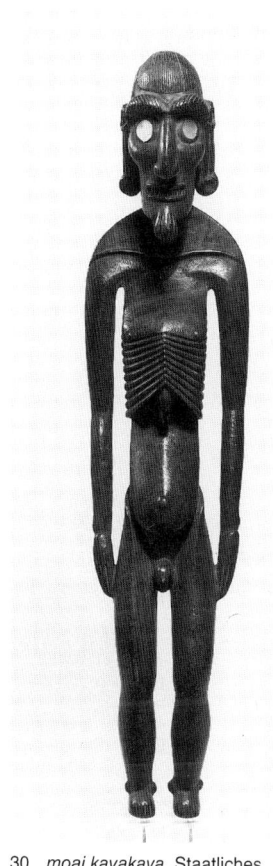

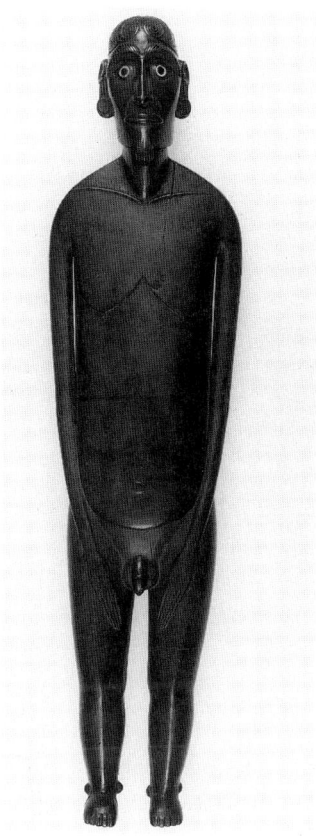

30 *moai kavakava,* Staatliches
    Museum für Völkerkunde, München

31 Hermaphroditischer *moai papa,*
    Ulster Museum, Belfast

Moai papa (pa'a pa'a)

Neben dem *moai kavakava* trat in vormissionarischer Zeit häufig
eine flache weibliche Figur auf, die als *moai pa'a pa'a* oder *moai
papa* bezeichnet wird. Ihr Körper ist völlig flach *(papa)* geschnitzt,
dagegen behält der Kopf seine natürliche Proportion und ragt im

109

Profil über den Leib hinaus. Offensichtlich stellt die Statuette eine alte Frau dar. Die Gesichtszüge weisen eine gewisse Ähnlichkeit mit denen des *moai kavakava* auf. Wie bei ihrem männlichen Pendant ist der Kopf glatt gerundet, gewöhnlich haarlos und bisweilen mit einem Schmuckrelief versehen. Desgleichen stimmen die Augenausbildung mit Sekundärmaterialien und die mit Pflökken versehenen Ohren mit der männlichen Figur überein, wenngleich die Ohrläppchen nicht so langgezogen sind. Der Mund ist ebenfalls schmallippig, jedoch ohne die Andeutung eines Lächelns. Wölbungen im Brust- und Bauchbereich fehlen. Große, aber völlig flache Brüste bedecken reliefartig als hängende Dreiecke den Oberkörper. Der Nabel ist meistens, die Vulva stets ausgebildet. Während die Oberarme vollplastisch durch einen Schlitz vom Körper getrennt sind, liegen die Unterarme als Relief auf. Die kurzen dicken Beine mit den leicht gebeugten Knien und kleinen Füßen ähneln denen des *moai kavakava*. Statt eines vorspringenden Rückgrats trägt die *moai papa*-Figur aber eine vertiefte Kerbe, die senkrecht den Rücken herabläuft. Die vormissionarischen Figurinen waren 50–60 cm hoch, 15–16 cm breit und im Bereich des Leibes selten dicker als 2,5–3 cm.

Moai tangata

Einige wenige Holzfigurinen sind erhalten, die als *moai tangata*, menschliche Figur, bezeichnet werden. Sie stimmen in den Hauptzügen mit dem *moai kavakava* überein, doch fehlt ihnen das ›rachitische‹ Aussehen. Der Körper des *moai tangata* ist gerundet und der Bauch vorgewölbt. Die ausgesprochen realistische Schnitzarbeit ruft gewöhnlich den Eindruck eines wohlgenährten Knaben hervor.

Moai tangata manu

Wie die Petroglyphen der Zeremonialstätte von Orongo am Rano Kau entsprang die mystische Gestalt des *moai tangata manu*, des Vogelmenschen, dem Makemake-Kult. Obwohl die

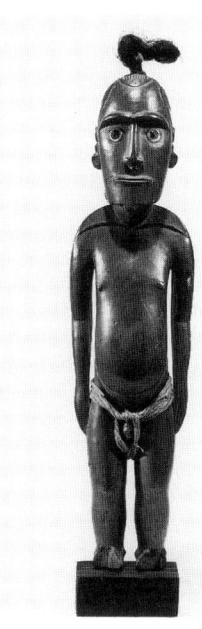

32   *moai tangata,* Musée de l'Homme, Paris

33   *moai tangata manu,* Etnografisk Museum, Oslo

weitgehende Detailübereinstimmung, die den vorbeschriebenen Figuren zu eigen ist, bei den vielen Exemplaren des *moai tangata manu* fehlt, und hier offenbar ein größerer Gestaltungsfreiraum gestattet war, ist allen Schnitzwerken dieses Kultsymbols der Vogelkopf auf menschlichem Körper gemeinsam. Die Einführung der kommerziellen Kunst favorisierte einen bestimmten *tangata manu*-Typ, der zum Standard wurde: Eine gestalterische Nähe zum *moai kavakava* ist nicht zu leugnen, wenngleich der Körper weniger ausgemergelt ist. Die Arme sind meist als kurze Flügel dargestellt, die in langen fingerähnlichen Federn enden. Der Vogelkopf erhebt sich über einem kurzen Hals und richtet den überlangen, kräftigen und am Ende hakenförmig gebogenen Schnabel steil in die Höhe. Über den großen kreisrunden Augen wölben sich Brauenwülste.

Moko

Die Schnitzer formten aus einem mehr oder weniger gekrümmten Stück *toromiro*-Holz nicht selten die Gestalt eines langen, schlanken Tieres, das seine Beine unter oder neben dem Körper angezogen hält. Die stark konventionalisierte Darstellung läßt keine eindeutige zoologische Einordnung zu; in einigen Details weist sie

34   *moko,* Musées Royaux d'Art et d'Histoire, Brüssel

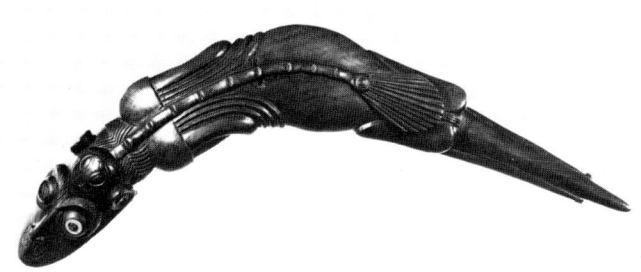

anthropomorphe Züge auf. Die Benennung *moko* entspricht dem allgemeinen polynesischen Ausdruck für Reptil.

Viele *moko*-Figuren weisen die Ohren eines Säugetieres auf. Den abgerundeten dreieckigen Kopf ziert eine lange, schmale menschliche Nase, die sich an ihrer Wurzel zu vorspringenden, gekrümmten Augenbrauen verzweigt. Augen mit Einlagen aus Fremdmaterialien sind häufiger als aus dem Schnitzholz geformte. Das breite Maul verläuft gleich einer Rinne nach den beiden Seiten des Rachens. Der Körper ist lang und von gleichmäßig gerundetem Querschnitt. Die als Relief geschnitzten Hinterbeine enden in menschlichen Füßen. Sie sind entweder unter dem Bauch angezogen oder längs des Schwanzes gestreckt. Die Vorderglieder liegen stets nebeneinander unter Hals und Kinn. Das Rückgrat hat die Form eines eingekerbten sägeartigen Rückenkamms. Der Leib endet in einem kräftigen und außerordentlich dicken Schwanz, der eine Art Griff für die Figur bildet, die nach Überlieferungen auch als Keule diente. Die Länge der *moko*-Schnitzereien beträgt gewöhnlich 30–40 cm bei einem Durchmesser von etwa 4 cm.

Rei miro

Neben den vorbeschriebenen anthropomorphen und zoomorphen Figurinen treten einige Schnitzarbeiten hervor, die als Embleme, Rangabzeichen oder Zeremonialzubehör getragen wurden. Zu ihnen zählt ein Pektorale *(rei miro)*. Das Mittelteil des Brustschmucks besteht aus einem flachen Brett, einer Mondsichel vergleichbar. Ein vorspringender abgerundeter Rand läuft gewöhnlich entlang der oberen Konkavkrümmung. Die meisten Exemplare enden an den aufwärts gerichteten Spitzen in je einem menschlichen Kopf. Die Gesichter sind nach oben und innen gewandt. Sie haben ein adlerhaftes Profil mit schweren Augenbrauen, kleinen Ohren und einem unter dem Kinn leicht einwärts gebogenen Spitzbart. Einige *rei miro* besitzen an den Enden statt der Menschenköpfe naturalistisch geschnitzte Schnecken- oder Muschelschalen. Im allgemeinen ermöglichen zwei Löcher nahe dem Oberrand das Durchfädeln einer Schnur, um das Pektorale um den Hals zu hängen. Die Abmessungen schwanken beträchtlich. Die durch-

35 *rei miro,* Rautenstrauch-Joest-Museum, Köln

schnittlichen Maße betragen für die Länge etwa 50 cm, für die Höhe in der Mitte 13 cm und für die Dicke 3 cm.

Tahonga

Der *tahonga* genannte Anhänger entspricht in seiner Grundform einem eiförmigen Ball von 8–10 cm Größe. Eine zentrale Wölbung im oberen Bereich ist zur Aufnahme einer Kordel durchbohrt. Senkrecht von der Spitze hochführend ist das *tahonga* durch vier Rippen oder Grate in vier Segmente gleicher Größer unterteilt. An dem Übergang des geometrischen Körpers zum abgeplatteten Oberteil gabeln sich die Rippen in je zwei gleichmäßig gekrümmte Bogen, die sich nahtlos mit der Verlängerung der Nachbarrippen vereinigen. Die darüberliegende Wölbung zur Aufnahme des Schnurloches ist häufig künstlerisch gestaltet. Die Formgebung reicht von Vogelköpfen mit langen, aufwärts gerichteten Schnäbeln bis zu menschlichen Doppelhäuptern, die in entgegengesetzte Richtungen blicken. Die Gesamtform läßt bei dem Betrachter die Assoziation an ein überdimensionales, aufbrechendes Vogelei ent-

36 *tahonga,* Etnografisk Museum, Oslo

stehen, aus dessen Schale sich eine Figur nach oben zwängt. Das
tahonga galt darüber hinaus als weiblicher Schmuck, so daß eine
Deutung als Fruchtbarkeitssymbol möglich erscheint.

Ua und paoa

Es handelt sich um Stäbe oder Keulen mit langem beziehungsweise
kurzem Stiel. Das *ua* wird verschiedentlich auch als Zeremonialstab
bezeichnet, der als Rangabzeichen galt und nur im Ausnahmefall
als Kampfwaffe Verwendung fand. Seine Länge beträgt (bei alten
Stücken) selten über 1,20 m. Der obere, leicht ovale Teil des Stabes
ist kunstvoll geschnitzt, oft in Form eines – menschlichen – Janus-
kopfes. Die Augen sind mit Knochenringen und Obsidianscheiben
eingelegt. Zu beiden Seiten der langen, flachen Nase hängen vor-
springende Tränensäcke. Die vorgewölbten Lippen der elliptisch
geformten Münder umschließen eine horizontale, umlaufende
Rinne. Lange, schmale Ohren mit Pflöcken zieren als Bandreliefs
beide Seiten. Kinn oder Bart fehlen, da sich die untere Gesichts-
hälfte übergangslos in dem Stab fortsetzt.

115

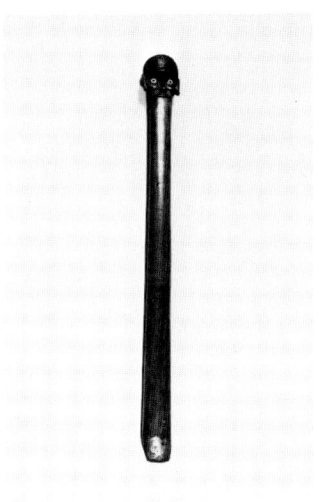

37 *ua*, Etnografisk Museum, Oslo

Das *paoa* ist dem *ua* künstlerisch verwandt. So sind die menschlichen Köpfe auf dem abgeflachten Keulenende die gleichen. Der
Körperteil ist jedoch nicht ein Stab, sondern eine kurze und breite
Einhandkeule, neben dem Speer einst die Hauptwaffe der Osterinsulaner. Dem Zweck einer Schlagwaffe entspricht der kräftige
Schaft mit seinem abgeflachten rhombischen Querschnitt, der sich
nach unten verbreitert.

Ao und rapa

Ao und *rapa* sind große und kleine Doppelpaddel, die während des
zeremonialen Tanzes gewirbelt wurden. Das *ao* ist bisweilen über
2 m lang mit Blattbreiten von 20 cm und mehr. Das beim Tanz nach
oben weisende Blatt zeigt auf beiden Seiten ein konventionalisiertes,
geschnitztes und bemaltes Gesicht. Die Nasen sind schmal und
gabeln sich zu Brauen über den unverhältnismäßig großen Augen.
Der Mund hingegen ist klein oder fehlt ganz. Dafür weist es stets die
mit Pflöcken versehenen Ohren auf. Über der Stirn deuten vertikal

gemalte Streifen Haar oder eine Federkrone an. Die Griffstange und das zweite Paddel bleiben unbemalt und sind lediglich poliert.

Das *rapa* ist erheblich kleiner, nur etwa 60–70 cm lang. Es besitzt alle Aspekte einer simplifizierten und standardisierten Fassung des kunstvollen *ao*, doch ist die Gesichtsmaske unbemalt. Die Schnitzereien sind zu einem feinen, erhabenen und zentralen Grat reduziert, der die Nase symbolisiert und in den Bögen der Augenbrauen ausläuft. Diese setzen sich zum Rand hin fort, so daß sie bis zu den Ohrläppchen reichen, die denen des *ao* entsprechen.

Moai maea

Schließlich dürfen in dieser Betrachtung die vielseitigen steinernen Statuetten nicht unerwähnt bleiben. Die *moai maea*, von denen jede Familie ein oder mehrere Exemplare besaß, waren familienin-

38   *ao,* Staatliches Museum für Völkerkunde, Berlin

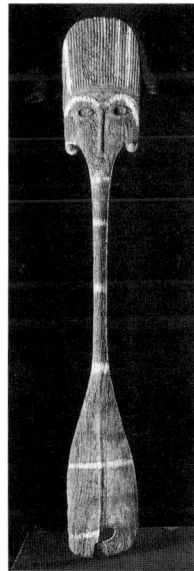

terne Schutzsymbole. Der Hauptunterschied zwischen den Steinfigurinen *(moai maea)* und den Holzfiguren *(moai toromiro)* war
immaterieller Natur. Schrieben die Osterinsulaner ersteren magische Kräfte unterschiedlicher Wirkintensität zu, die nur dem direkten Eigentümer zugute kamen, nahm die Inselgemeinde an den
hölzernen Gegenstücken als Portraitfiguren, Rangabzeichen und
Kultzubehör in ihrer Gesamtheit Anteil. Dieses galt auch, wenn
einzelnen Darstellungen, wie etwa dem *moai kavakava* Schutzfunktionen oblagen.

Dem Wert der Skulpturen entsprach ihre Aufbewahrung in
geheimen Höhlen, die – ausgezeichnet verborgen und verschlossen
– nur ausgewählte Familienmitglieder kannten. Nicht selten nahm
der letzte Eingeweihte sein Geheimnis um das Vorhandensein des
Verstecks und dessen Eingang mit ins Grab. Die Furcht, Unberu-
fene könnten die steinernen Hausgötter und Kultobjekte entdecken
und in der Folge entweihen oder stehlen, setzte in der Zeit des
kulturellen Niedergangs im 18. Jh. ein. Im Zuge der grausamen
Fehden und Stammeskriege gaben viele Insulaner ihre oberirdische
Behausung auf und zogen sich in das Höhlenlabyrinth der Insel
zurück. Ihre gesamte bewegliche Habe einschließlich der Kultgegenstände und -figuren nahmen sie mit. Selbst als die Menschen an
die Erdoberfläche zurückkehrten, blieben ihre figuralen Schätze im
Schutz der Höhlen. So lernten die Europäer erst spät die *moai
maea* kennen, ihre Variationsbreite und künstlerische Qualität. –
Nach dem deutschen Seeoffizier Geiseler (s. S. 56) gelang es insbesondere der Heyerdahl-Expedition von 1955/56 (s. S. 60 f.) Holz-
und Steinstatuetten zu erwerben. Heyerdahl vermochte einige Einheimische, die noch Kenntnis von der Lage ihrer verborgenen
Schätze besaßen, zu bewegen, ihm Einlaß in ihre Familienhöhlen
zu gewähren und ihm Gegenstände daraus zu überlassen.

Zu den meisterhaften Skulpturen, die so zutage traten, zählten
menschliche Figuren und Steinköpfe als magische Wächter, Vogelmenschen des Makemake-Kults, realistisch geformte Totenschädel
oder auch bärtige Monstren mit Buckel und grinsenden Mündern,
daneben Körperteile wie Hände und Füße oder ein mit Menschen-
köpfen geschmückter Phallus. Aus der Tierwelt fanden sich Vögel
und Langusten in naturalistischer Darstellung, Hundeköpfe mit
weitaufgerissenen Rachen, gefletschten Zähnen und böse blicken-

den Augen, Fische, Schildkröten oder Reptilien mit gewaltigen Mäulern und Rückenkämmen sowie kopulierende Schlangen. Nicht identifizierbare Fabeltiere machen eine besondere Kategorie aus. Einmalig ist ein massiges, steinernes Schilfboot, dessen Schiffsrumpf einer aufgedunsenen Banane gleicht mit drei klobigen und mit Rechtecksegeln bestückten Masten.

Die Liste ließe sich noch lange fortsetzen. Alle gefundenen Gegenstände sprechen für die Phantasie der Bildhauer. Die aus hartem Basalt oder weicherem Tuff gearbeiteten Werke sind meist Unikate. Sie lassen sich nicht in Rubriken zusammenfassen und entziehen sich damit der Einordnung. So interessieren sie weniger als Einzelstücke, sondern in ihrer Gesamtheit als künstlerische Gattung der Osterinsel-Kultur. Hierin nehmen sie allerdings eine wichtige Stellung in der letzten Phase des insularen Kunstschaffens ein. Heute sind sie nur noch in den ethnologischen Abteilungen einiger Museen zu entdecken.

Ausflüge zu den sehenswerten Stätten Rapa Nuis

Die Zeremonialanlage Tahai

Die unmittelbar nördlich von Hanga Roa gelegene Zeremonialanlage Tahai ist von der Ortsmitte in einem knapp halbstündigen Spaziergang zu erreichen. Man folgt der Straße Pito Te Henua zur Westküste und wendet sich vor dem Fischerhafen nach rechts gen Norden.

Die parallel zur Küstenlinie verlaufende Sandstraße berührt auf halbem Weg den **Friedhof** der Insel. Neben einfachen weißen Holzkreuzen unterstreichen die Grabsteine aus dunklem Lavagestein mit eingeschnittenen oder reliefartig gearbeiteten, weiß ausgemalten Kreuzen das lokaltypische Stilelement.

Weiter führt der Weg über einen Pfad durch Strandwiesen, um nach wenigen Minuten an der **Zeremonialanlage Tahai** zu enden. Am Beginn der großflächigen Stätte erinnert ein Gedenkstein an den amerikanischen Archäologen William Mulloy (1917–78), der diesen Komplex in den Jahren 1968–70 restaurierte. Er ordnete die umgestürzten *moai* den drei *ahu* zu und richtete sieben der Kolossalstatuen wieder auf.

Ein tiefer Hafeneinschnitt trennt die Gesamtanlage küstenseitig in zwei Teile. Südlich davon präsentiert sich der gewaltige Ahu Vai Uri mit seinen fünf archaisch anmutenden *moai*. Nördlich hingegen grenzen die zwei kleineren *ahu*, Tahai und Ko Te Riku, an. Sie tragen nur jeweils einen *moai*.

Vor dem Ahu Vai Uri (Farbb. 2) erstreckt sich ein geräumiger Versammlungsplatz von etwa 50 m × 50 m. Aus ihm wächst oberhalb einer 30 cm hohen Stufe die *ahu*-Rampe empor. Sie weist die

Grasnarbe mit der typischen Steineinlage auf. Unbearbeitete kopfgroße Geröllsteine reihen sich, in Linien geordnet und versetzt zueinander in etwa 60 cm großen Abständen eingebettet, zu einem symmetrischen Muster auf. Hieraus erhebt sich die eigentliche Zeremonialplattform – 34 m lang, 4 m breit und 80 cm hoch. Mörtellos aufgesetztes Bruchsteinmauerwerk umfaßt die Plattform. Eine Aufschüttung aus Lavagestein füllt ihr Inneres. Die scharfkantigen Brocken bilden ein gutes Fundament für das aufzunehmende Gewicht der Kolossalstatuen. Ihr steiler Lastabtragungswinkel gewährleistet die Standsicherheit des Gesamtbauwerks ohne übergroße Beanspruchung der Umfassungswände.

Rapa Nui
 1 Zeremonialanlage Tahai mit den Ahu Vai Uri, Ahu Tahai und Ahu Ko Te Riku
 2 Zeremonialanlage Hanga Rao Rao
 3 Petroglyphen
 4 Petroglyphen und Felsmalereien
 5 Ana Tautara und Ana Te Pora
 6 Zeremonialanlage Te Peu
 7 Heiligtum des Makemake mit Petroglyphen
 8 Ana Te Pahu
 9 Zeremonialanlage A Kivi
10 Ana Kai Tangata
11 Landwirtschaftliche Versuchsstation mit botanischem Garten
12 Aussichtspunkt Mirador
13 Heiliges Dorf Orongo
14 Zeremonialanlage Vinapu mit Ahu Vinapu I (O Tahiri) und Ahu Vinapu II
15 Ahu Hanga Poukura
16 Ahu Hanga Te'e
17 Ahu Akahanga
18 Ahu Oroi
19 Ahu Hanga Tetenga
20 Camino de los Moai
21 *tupa*
22 Zeremonialanlage Tongariki und Petroglyphen
23 Ahu Mahatua
24 Tu o Hiro
25 Petroglyphen
26 Ahu Te Pito Kura und ›Nabel der Welt‹
27 Ahu Nau Nau und Ahu Ature Huki
28 Ahu Vai Mata
29 Ahu Maitaki Te Moa
30 Rinderfarm
31 Museum
32 Sanatorium (Lepra-Station)
33 Flughafen

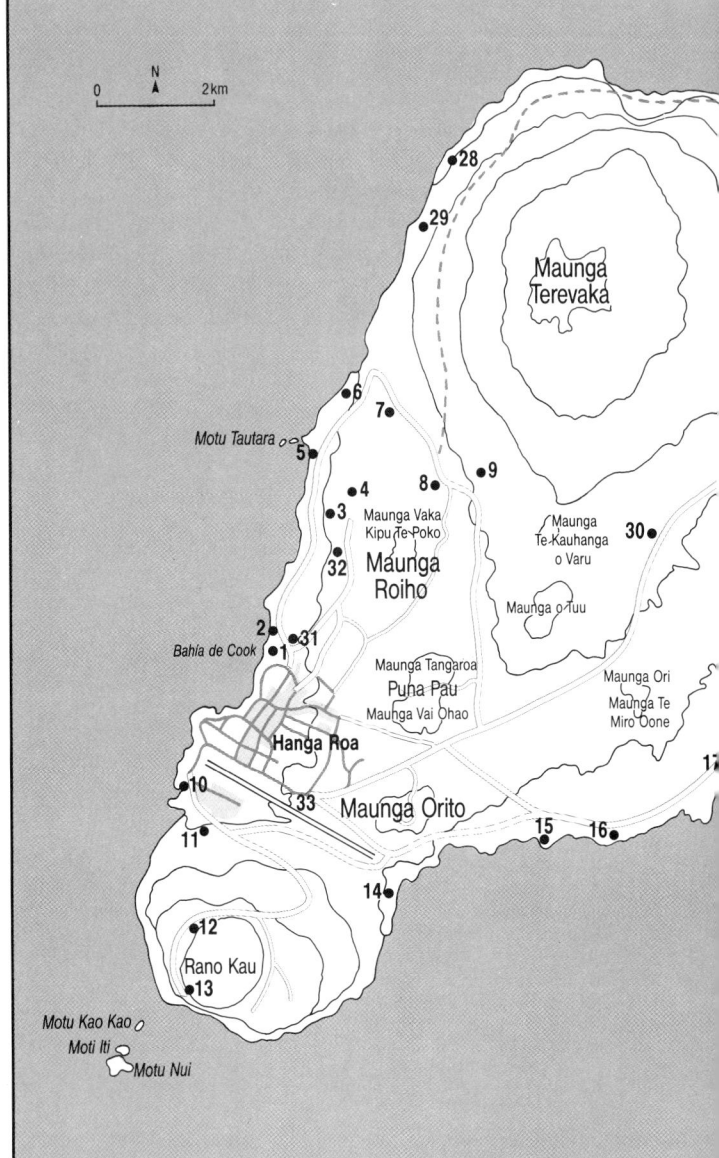

Bahía (Playa) de Anakena

●27

Playa de Ovaho

26●

●25

Bahía de La Pérouse

●23

24●

Maunga
Pukatikej

Poike

aunga Pui

Maunga
Anamarama

Rano Raraku   22●

21●

20

19●

18●

Osterinsel – Rapa Nui

═══ Fahrstraße

--- Wanderweg/
nicht befahrbare Wegstrecke

◇ Höhenlinie

Hierauf nun stehen fünf *moai,* recken sich auf 60 cm hohen Felsbasen in die Höhe. Ein sechster Sockel ist unbesetzt. Die *moai* sind bereits stark verwittert und gehören nach ihrem Habitus einer frühen Entstehungsphase an, die Forscher in das 12. Jh. datieren. Sie tragen keine *pukao.* Die größte Statue mißt etwa 5 m bei einem Umfang von 5,40 m.

Wie im Baukanon der *ahu* allgemein zu verzeichnen, fehlt an der seeseitigen Rückfront jegliche Schrägung. Die Plattform fällt 3 m senkrecht gegen das Felsufer ab. Auch hier bildet unregelmäßiges Bruchsteinmauerwerk die stützende Außenwand.

Nördlich des Ahu Vai Uri ragt eine offenbar künstlich angelegte und befestigte Hafenbucht ins Land. Auffallend sind die sorgfältig gearbeiteten Randbefestigungen der Kaianlage aus behauenen, großformatigen Natursteinen. Die Fahrrinne selbst führt S-förmig in das Hafenbecken – vorbei an scharfkantig aus dem Wasser ragenden Riffen. Die frühen Baumeister ließen die Felsen bewußt in der Hafeneinfahrt stehen und übertrugen ihnen die Funktion von Wellenbrechern. Dadurch floß das eigentliche Fahrwasser verhältnismäßig ruhig. Die Riffe müssen den damaligen Steuerleuten großes Geschick abverlangt haben, auch wenn es sich bei den von ihnen geführten Seefahrzeugen nur um Flöße oder flache Boote gehandelt hat. Den Übergang zwischen dem in Seehöhe befindlichen Kai und dem Inselinnern bildet eine 10 m breite, gepflasterte Rampe. Ihre flache Neigung ließ auch Schwertransporte zu. Bemerkenswert sind die oben neben der Rampe gelegenen gepflasterten Flächen. Sie dienten vermutlich einstmals als Lagerplatz für Güter.

Der Rampe unmittelbar benachbart steht das mächtige Fundament des Ahu Tahai, der in seinen Anfängen auf das 7. Jh. zurückgeht; somit zählt er zu den ältesten der Insel. Im Gegensatz zu den aus nicht oder nur leicht bearbeiteten Steinen aufgeschichteten Mauern der übrigen Bauten bestehen die seeseitigen Wände des Ahu Tahai zum Teil aus großformatigen, sorgfältig behauenen und einander angepaßten Quadern. Die enge und präzise Fugenausbildung verrät steinmetzerisches Können. Der Ahu Tahai trägt nur eine bereits stark verwitterte *moai*-Statue ohne Kopfschmuck.

Von der Stirnseite der Hafenbucht führt nach Norden eine schmale, mehrfach abgeknickte und ebenfalls gepflasterte Rampe

39 Stark verwitterter *moai* des Ahu Tahai

empor. Sie windet sich seeseitig um den Ahu Ko Te Riku, stellt so eine fußläufige Verbindung zwischen dem Kai und dem Oberland dar. Interessant ist die Stufenverkleidung dieser *ahu*-Plattform – senkrecht gestellte Steinplatten von 10–17 cm Stärke. Auch ihre Fugen sind sorgfältig zugepaßt. Die Verblendplatten weisen Größen bis 160 cm × 70 cm auf. Als einziger Steinkoloß der Zeremonialstätte von Tahai trägt der 5,20 m hohe Moai Ko Te Riku einen *pukao* (Farbabb. 6). Die Statue verkörpert die Generation, welche auf die *moai* des Ahu Vai Uri folgt.

Inselseitig runden unterschiedliche Bauwerke die Gesamtanlage ab. Gegenüber dem Ahu Ko Te Riku liegt eine Grotte mit niedriger, rechteckiger Hofeinfassung. Beachtenswert sind hier zwei schalenförmig ausgemuldete, runde beziehungsweise elliptische Steinschüsseln von etwa 75 cm Durchmesser.

Eine nach Süden anschließende Konstruktion erinnert den europäischen Besucher unwillkürlich an eine Bastion. Ein halbkreisförmiger Grundriß von 20 m Durchmesser schiebt sich so in den ansteigenden Hang, daß die begraste ›Dach‹fläche übergangslos in das rückwärtige Gelände einmündet. Die vordere Abschlußmauer besteht aus mörtellos aufgeschichteten, unbehauenen Steinen und reicht bis zu 2,20 m in die Höhe. An ihrem Fuß führen vier Stollen mit einem Querschnitt von 60 cm auf 80 cm in das aufgeschüttete Innere. Die Wand- und Deckenflächen der Gänge sind mit Steinplatten verkleidet.

Das Gebäude ähnelt in vieler Beziehung dem dahinter liegenden *hare moa*, einem Hühnerhaus. Ein *hare moa* wird im allgemeinen über einem rechteckigen Grundriß mit abgerundeten Enden errichtet. (Der konstruktive Aufbau selbst – Aufschüttung und Steinplattenauskleidung – entspricht der vorbeschriebenen Baulichkeit.) Ein oder mehrere Schlupflöcher führen in eine schmale Kammer, die mit der Gebäudeachse parallel verläuft. Sowohl die Zugänge als auch die zentral gelegene Kammer sind mit seitlichen Steinplatten versehen und mit oberen abgedeckt. *Hare moa* sind im Bereich früherer Siedlungsgebiete überall auf Rapa Nui anzutreffen und scheinen für die Zeit kurz vor der Entdeckung der Insel typisch zu sein.

In einigem Abstand vor dem halbkreisförmigen Bauwerk fällt eine leicht nach oben gewölbte, kreisförmig gepflastertte Fläche auf. Sie wird von einigen Archäologen als zentrale Feuerstelle gedeutet; andere erkennen hierin einen Ort für Zeremonien zur Einäscherung Verstorbener.

Daneben zeigen zwei *hare paenga*-Fundamente, daß die Anlage von Tahai auch Wohnzwecken diente, Ort pulsierenden Lebens war. Einer der ellipsenförmigen Hausgrundrisse wurde restauriert. Deutlich sind in den etwa 18 cm breiten und bis zu 1,25 m langen Fundamentsteinen aus Basalt die Bohrlöcher zur Aufnahme der hölzernen Wand-Dach-Konstruktion erkennbar (s. S. 94). Die Hausachsen weisen von Nordost nach Südwest, die nur 50 cm breiten Eingänge entsprechend nach Nordwest. Ihnen vorgelagert sind gepflasterte, sichelförmig angelegte Höfe – an dem rekonstruierten Exemplar deutlich zu sehen. Die Länge dieses *hare paenga* beträgt 18,30 m im Lichten, die Breite hingegen nur gut 2 m im Eingangsbereich.

In Anbetracht der weitläufigen und aufwendigen Konzeption der Anlage von Tahai sowie des zweckmäßig geplanten Hafens mit seinen Be- und Entladungseinrichtungen muß diese Stätte einmal ein kulturelles und wirtschaftliches Zentrum hohen Ranges gewesen sein. Den besten Eindruck von dem Gesamtkomplex gewinnt man von erhöhtem Standort – vor dem Parkplatz am Ende der Zufahrtstraße. Mit einiger Phantasie fällt es dem Betrachter nicht schwer, vor seinem geistigen Auge das Leben und Treiben auferstehen zu lassen, das hier vor einigen Jahrhunderten herrschte.

An der Westküste nach Te Peu

Die 7 km zwischen Hanga Roa und dem Ahu Te Peu sind nur mit einem geländegängigen Wagen, ausgestattet mit Vierradantrieb, oder in einer mehrstündigen Wanderung zu bewältigen. Oft verdient der Weg diesen Namen nicht, ist eher zu ahnen als zu sehen. Er verläßt Hanga Roa am Museum, wechselt in die felsige, grasbewachsene Küstenzone über und verläuft an ihr in Windungen nordwärts. Um die nachfolgend beschriebenen Sehenswürdigkeiten zu finden, empfiehlt es sich, einen einheimischen Führer zu engagieren. Beim Betreten aller Höhlen ist größte Vorsicht geboten!

Bereits bald nach Verlassen der befestigten Dorfstraße stößt man auf die **Zeremonialanlage Hanga Rao Rao.** Zwei *ahu* ragen eng nebeneinander aus dem Gras. Sie unterscheiden sich nicht nur in der Größe, sondern insbesondere durch ihre vom üblichen Baukanon abweichende Form des rechten *ahu.* Hier steigt eine wenig über 5 m breite, beidseitig eingefaßte und langgezogene Rampe an, um nach einer Stufe in der gleichbreiten Plattform zu enden. Während auf dem linken *ahu* ein wiederaufgerichteter *moai* steht, muß der rechte mit einem stark verwitterten Torso vorliebnehmen.

Fährt man weiter, taucht bald in einiger Entfernung von der Straße das Wäldchen des Sanatoriums (Lepra-Station) auf. Kurz darauf lohnt ein Abstecher zu Fuß nach rechts in das ziemlich unwegsame Gelände. Vorbei an einem Wasserloch erreicht man nach vielleicht 100 m zwei flach aus dem Boden ragende Felsplatten. Beide sind mit **Petroglyphen** versehen. Während sie auf der größeren mehrere Kanus und Hähne darstellen, ist auf der kleineren die hintere Hälfte eines großen Fisches abgebildet. Wie bereits erläutert (s. S. 100), deutet der deutsche Ethnologe Barthel die Kanus mit den Hähnen als polynesische Kundschafterboote mit einer Besatzung aus jungen Männern. Der große Fisch, ein Hai, stünde dann als Symbol für das Doppelrumpf-Boot, mit dem Hotu Matua und sein Gefolge einige Zeit später die Osterinsel erreichten.

Nach einem nur wenig späteren Halt auf dem Fahrweg und einer knapp halbstündigen Fußwanderung durch nach wie vor rauhes Gelände ist eine sehenswerte **Höhle** zu finden. Überdeckt von einer Feigenbaumgruppe verbirgt sich der Eingangsstollen. Kriechend muß man die ersten 2 m zurücklegen, um in den geräumigen Höhlenraum zu gelangen. An der gegenüberliegenden Wand erkennt man sodann im Licht der Taschenlampe mehrere Makemake-Petroglyphen, hier mit farbiger Ausmalung, sowie Felsmalereien zum gleichen Thema. Einige abstrakte Abbildungen sind nicht eindeutig zuzuordnen.

Die Weiterfahrt erfolgt nun durch zunehmend schwierigeres Gelände. Auf Höhe der beiden vorgelagerten Inseln Motu Mepa

40   Einheimische zu Pferd

und Motu Tautara verläßt man den Weg und biegt zur Küste ab. Hier ist der lediglich aus einer Kriechöffnung bestehende Eingang zur **Ana Tautara** nur schwer zu orten. Für den Einstieg in die Höhle ist eine Taschenlampe unerläßlich. Nach wenigen Metern weitet sich der Gang und endet schließlich in einem geräumigen, fast hallenartigen Teil. Die dem Eintretenden gegenüberliegende Wand enthält zwei torgroße Öffnungen. Sie durchstoßen die senkrecht aufsteigenden Felsen der Steilküste. Ungefähr 30 m unter dem an den Höhlenrand tretenden Besucher brandet die Dünung des Pazifik gegen den Felsenfuß.

Etwas abseits der Küste liegt die **Ana Te Pora.** Gegenüber einer Grotte befindet sich eine unscheinbare Öffnung im Felsen. Hat man sie durchschritten, betritt man einen überkuppelten Saal beträchtlichen Ausmaßes. An den Wänden ziehen sich steinerne Sitz- oder Liegebänke entlang, im Zentrum ist ein tischförmiger Altar aus Steinen aufgeschichtet und im Hintergrund ein zweiter Raum abgeteilt. Es handelt sich um eine alte Familienhöhle, die einstmals sowohl Unterkunft und Schutz bot als auch Zeremonialstätte war.

Kurz darauf ist der nördlichste Punkt dieses Ausflugs erreicht. Am Übergang vom Küstenhang zur Hochebene der Insel lagern die Reste der **Zeremonialstätte von Te Peu.** Das Interessante dieser Anlage ist der seit der Zerstörung durch die Stammeskriege vollkommen unverändert belassene Zustand. Verwüstete *ahu*, umgestoßene *moai*, verschüttete *hare paenga* sind die stummen und doch zugleich beredten Zeugen erbitterter Kämpfe.

Hier biegt der Weg nach Südosten ins Inselinnere ab. Kurz darauf passiert man ein früheres **Heiligtum** des Gottes Makemake. Petroglyphen seines unverwechselbaren Gesichts stehen solchen des Vogelmenschen *(tangata manu)* gegenüber. Davor wachsen einige Pflanzen in einer Grube, die ehedem eine Quelleinfassung gewesen sein mag. Interessant ist ein Eckstein der Einfassung: Ein Makemake-Portrait – hier mit ovalen Augen, einer kräftigen Nase und einem vollen Mund – schmückt die senkrechte, ein Vogelmann-Relief die waagerechte Fläche.

Danach lohnt ein Halt an der **Ana Te Pahu.** Wenngleich einige Partien eingestürzt sind, vermitteln der Kuppelsaal und die anschließenden Räume der Grotte einen Eindruck von der Gestaltung früherer Familienhöhlen. Im Bereich der Einsturzstelle gedeiht aufgrund der geschützten Lage eine üppige Vegetation. Die Erkenntnis, daß die Verwendung einer Mulde dem Wachstum der Pflanzen zuträglich ist, machten sich die Einheimischen schon früh zunutze. Sie wählten Höhleneinstürze für die Anlage von Nutzpflanzenkulturen und nannten diese Areale *manavai.* Waren solch natürliche Voraussetzungen nicht gegeben, übernahmen auch aufgesetzte Steinwälle die Schutzfunktion. Man gab ihnen denselben Namen. Künstliche *manavai* können sowohl oberirdisch – von einem Steinwall umgeben – angelegt wie auch in die Erde eingelassen sein. Im zweiten Fall bestehen die Stützwände aus Steinschichtungen. Die *manavai* sind stets menschlichen Siedlungen zugeordnet. Für ihren Bau suchte man Stellen aus, die eine gewisse Feuchtigkeit versprachen.

Nach einem weiteren Kilometer erreicht man den Ahu A Kivi und kann so die im folgenden Kapitel beschriebene Route mit dieser verbinden.

Der Ahu A Kivi und der Krater Puna Pau

Die Entfernung von Hanga Roa bis zur Zeremonialanlage des Ahu A Kivi beträgt 10 km. Man folgt parallel zum Flugplatz der Straße nach Anakena, fährt zwischen dem Maunga Orito im Süden und dem Maunga Vai Ohao im Norden hindruch und biegt bei dem Hinweis ›A Kivi‹ nach links ab. Hier liegt das Weideland der seit einigen Jahren bestehenden Rinderfarm, die die Schafzucht abgelöst hat. Besonders in diesem zentralen Teil der Insel wachsen – in Reihen oder als Wäldchen aufgeforstet – Eukalyptusbäume, die langsam den Charakter der ehedem baumlosen Insel verändern.

Die Archäologen Mulloy und Figueroa restaurierten 1960/61 den **Ahu A Kivi** und richteten die sieben niedergestürzten *moai* wieder auf (Farbabb. 11; Abb. 41). Der Ahu A Kivi ist übrigens die einzige weit im Inselinnern stehende Zeremonialstätte. Dennoch ist ihr Bezug zum Meer, das zwischen zwei Hügeln am Fuße des abfallenden Geländes sichtbar ist, unverkennbar. Eine weitere Eigenart zeichnet die Anlage aus: Die *moai* blicken hier ausnahmsweise auf den Ozean, sind also nicht dem Wasser abgewandt und gegen das Inselinnere ausgerichtet.

Die über 70 m lange *ahu*-Rampe begrenzt den nicht mehr eindeutig erkennbaren Versammlungsplatz bergseitig. Stufenlos steigt sie aus der Ebene empor. Die Pflasterung aus unbehauenen Natursteinen, enger gesetzt als bei den bisher beschriebenen *ahu*, ist in 15 Reihen inmitten einer Grasfläche angeordnet. Die *ahu*-Plattform weicht geringfügig von der Nord-Süd-Richtung ab. Bei 33 m Länge ist sie mit einer Breite von 2,30–2,50 m ungewöhnlich schmal. Auffallend ist zudem eine leichte Verjüngung an ihren Enden. Während vorn geschichtete Steine die Plattformstufe bilden, fassen behauene Steinplatten die 70 cm hohe Rückfront ein. Die Plattenmaße reichen von 120 cm auf 70 cm bis 190 cm auf 70 cm. Die Einbindetiefen differieren zwischen 25 cm und 40 cm. Trotz der starken Verwitterung ist die saubere Fugenarbeit noch deutlich erkennbar.

Ebenso weisen die sieben *moai* an ihren Oberflächen erhebliche Verwitterungsspuren auf. So sind beispielsweise nur noch an zwei der Statuen Hände deutlich ausgeprägt. Die Monolithe ruhen auf 30 cm hohen Sockeln, haben eine durchschnittliche Höhe von 4 m und einen Umfang bis zu 4,90 m. Sie tragen keinen Kopfschmuck. Nur schwerlich kann man sich der majestätischen Ausstrahlung der sieben steinernen Riesen entziehen, die wie auf einer Bühne am Fuße des Maunga Terevaka stehen.

Auf der Rückfahrt biegt kurz vor der Einmündung in die Straße Anakena – Hanga Roa ein unbefestigter Feldweg rechts ab. Über ihn erreicht man nach 1 km den **Puna Pau-Krater**, den Herstellungsort der *pukao* (s. S. 69).

Der Fahrweg endet auf einem kleinen Parkplatz, von dem in Fahrtrichtung ein Pfad bergan führt. Auf dem Hügel befinden sich mehr als ein Dutzend *pukao*, manche im Erdreich versenkt. Sie wurden bereits aus der ›Kraterwerkstatt‹ hierher geschafft. Einige blieben bei dem Transport am Wege liegen. Die *pukao* besitzen mit Durchmessern von 2–2,80 m und Höhen über 2 m beachtliche Ausmaße und damit erhebliches Gewicht. Gut erkennbar sind die Ausnehmungen an den Unterseiten, durch die sie Halt auf den Köpfen ihrer späteren Träger finden sollten. Oft zieren Petroglyphen die Unteransichten. Sehr deutlich treten sie an einem – besonders großen – Exemplar hervor.

Folgt man dem weiter ansteigenden Pfad auf den Kraterrand, erkennt man an der gegenüberliegenden Wand die früheren Abbruchstellen. Dunkelrot leuchtet das Tuffgestein herüber, und auf dem Kraterboden erblickt man weitere *pukao*.

Kaum ist es notwendig, auf den bezaubernden Ausblick von dieser Höhe hinzuweisen. Im Südwesten ragt der 300 m hohe Rano Kau empor – fast scheint es, als ›unterstreiche‹ die Piste des Flughafens Mataveri seine Bedeutung –, und Hanga Roa dehnt sich vor dem Ozean aus. Im Norden tritt die typische Inseltopographie hervor: weite wellige Flächen mit gelbbraunem Gras bestanden, aus denen Hügel und Berge herauswachsen – hier der Maunga Tangaroa und etwas links dahinter der Maunga Roiho.

Das Sakralzentrum Orongo

Das Westende des Flugplatzes umgehend, verläuft südwärts die Straße zu dem Zeremonialzentrum Orongo. Bereits am Ortsausgang jedoch erscheint ein Stopp angezeigt. Ein Hinweis macht auf die **Ana Kai Tangata**, die Menschenfresser-Höhle, aufmerksam. Sie erhielt ihren Namen nach dem Fund einiger Menschenknochen in ihrem Innern.

Etwa 100 m abseits der Straße, erreichbar über einen Wiesenpfad, brandet die Dünung des Ozeans in eine Felsenbucht. 30 m hoch faßt scharfkantiges Lavagestein den Wasserarm ein, der in zwei großen Grotten endet: Während die linke von der See überspült wird, liegt die rechte über dem Meeresspiegel. Ein Weg, auf dem Stufen den Abstieg erleichtern, führt in die trockene Höhle hinab. Ihre Ausdehnung ist beträchtlich. Wände und kuppelförmige Decke bestehen aus schiefrigem Gestein. An der linken Seite auf halber Höhe entdeckt der Besucher einige gut erhaltene Abbildungen der Rauchseeschwalbe. Gemalt mit roter und weißer Farbe sind sie erstaunlich gut erhalten. Die Vögel wurden mit großem künstlerischen Können geschaffen, beeindruckend ist die Leichtigkeit der Komposition: Die zentrale Gruppe scheint in tänzerischem Flug um einen imaginären Mittelpunkt zu kreisen.

Nach kurzer Weiterfahrt führt ein rechts abzweigender Weg zur **landwirtschaftlichen Versuchsstation** der Insel, der ein kleiner botanischer Garten angegliedert ist. In einem umzäunten Areal kann der biologisch Interessierte Exemplare der einheimischen Flora betrachten. Sehenswert sind zwei Jungpflanzen des *toromiro*-Baumes. Dieser kleine und einstmals endemische Baum, dessen hartes und festes Holz den früheren Insulanern zur Herstellung von Schnitzarbeiten für Waffen, Figuren und Kultgegenstände diente, ist auf Rapa Nui ausgestorben. Heyerdahl gelang es im Verlauf seiner Expedition von 1955/56 einige Samen des letzten *toromiro* zu sammeln. Sie wurden im Botanischen Garten Göteborg erfolgreich kultiviert. Nach 1962 erfolgten erste Versuche einer Rücksiedlung, die jedoch scheiterten. Ein erneuter Versuch im Jahr 1988 scheint jedoch inzwischen berechtigte Aussicht auf Erfolg zu haben.

Nach 7 km bietet links der Straße der **Aussichtspunkt Mirador** einen faszinierenden Einblick in den Rano Kau (Farbabb. 8). Der Kraterdurchmesser beträgt mehr als einen Kilometer. Schroff und dennoch weitgehend bewachsen streben die Hänge empor. Der Rand zum Süden ist eingebrochen. Rechts davon sind Teile der Zeremonialanlage von Orongo erkennbar. Den See auf dem Kratergrund überzieht eine Pflanzendecke, stellenweise durchbrochen von Wasserflächen, die gleich winzigen Teichen aus dem Grün heraufleuchten. Hier gedeiht das *totora*-Schilf. An den Hängen findet man wildwachsende Obst- und Nutzpflanzen sowie Wein.

Einen Kilometer weiter endet die Fahrstraße auf dem Parkplatz vor dem **Zeremonialzentrum Orongo** (Eintrittskarte!). Ein Wiesenpfad führt zunächst auf eine Anhöhe, um sich danach gegen das Sakralzentrum zu senken. An der ersten Gabelung steht die 60 cm hohe Kopfskulptur des Gottes Makemake. Erkennbar an den dominierenden Augen in dem vollrunden Antlitz lassen Makemake-Abbildungen nie einen Zweifel über die Identität des Dargestellten aufkommen. Die Vollplastik weist mit den ovalen, vorquellenden und von Brauenwülsten überdeckten Augen, der kräftigen Nase und dem vollen Mund eine frappante Ähnlichkeit mit den beschriebenen Petroglyphen östlich des Ahu Te Peu auf (s. S. 128).

Bei Ziffer Eins des ausgeschilderten Rundgangs können aus dem Boden ragende Steinplatten betrachtet werden, von denen einige kreisrunde Ausnehmungen besitzen. Diese Löcher sind offensichtlich von Menschenhand eingearbeitet worden. Einige Archäologen sehen hierin eine Art Feldobservatorium. Die Löcher dienten ihrer Ansicht nach zur Aufnahme von Fluchtstäben, über die markante Bergspitzen anvisiert und bestimmte Sonnenstände bei Auf- oder Untergängen beobachtet werden konnten. Aufgrund von Erfahrungsdaten sollen die astronomisch geschulten Priester so Vorhersagen über landwirtschaftlich relevante Daten abgegeben haben.

Der Weg verläuft nun auf dem Kraterrand weiter, um unvermittelt auf einer Plattform zu enden. Von hier fällt das wie eine Bastion gestaltete sakrale Zentrum der Zeremonialstätte ins Auge. In dieser geistigen Mitte von Orongo liegt das Höhlenhaus des *tangata manu*, des Vogelmenschen. Hierher zog er sich nach seiner Ernennung zurück (s. S. 96 f.). Mehrere Felsen umstehen den Grotteneingang, alle mit Petroglyphen versehen, die mit dem heiligen Ort in

42　Höhlenhaus in Orongo

unmittelbarem Zusammenhang stehen. Es handelt sich um Abbildungen des Gottes Makemake und des Vogelmannes, des dem Gott als oberster Priester nächststehenden Menschen (Abb. 27). Daneben gibt es Doppelovale, die als Vulven oder Samenkörner gedeutet und einem Fruchtbarkeitsritus zugeordnet werden. Bisher wurden 111 Felszeichnungen in Basrelief gezählt.

Die Makemake-Darstellung entspricht dem üblichen Formenkanon: eine Schädelrundung überwölbt die Stirn und verläuft als durchgehende Linie über Schläfen und Wangen gegen die Nase. Die Augen dominieren das Gesamtbild. Dem Gott zugeordnet sind Vogelmann-Figuren, die ihn hin und wieder mit ihren langen, gebogenen Schnäbeln fast berühren. Ihre geneigten Körper deuten eine dienende Haltung an. Kreisrunde Augen bestimmen die ebenso geformten Köpfe. Die Flügel enden in menschlichen Händen. Auch ihre Beine zeigen anthropomorphe Formen. Es überrascht die Darstellungsvielfalt und Variationsbreite dieses einen Themas.

137

Von hier führt der Besichtigungsweg an den Außenrand des Kraters. 300 m tiefer brandet das Meer gegen den Fuß des Berges, und die drei vorgelagerten Inseln Motu Kao Kao, Motu Iti und Motu Nui treten ins Blickfeld (Abb. 26). Hier, hoch über dem Wasserspiegel und im äußersten Südwesten der Insel, liegt das ›heilige Dorf Orongo‹, das eng mit dem *tangata manu*-Kult verknüpft ist. Auf einer relativ kleinen Fläche fügen sich 53 höhlenartige Steinhäuser zu Gruppen zusammen. Die Grundrisse sind elliptisch. Das Wand-Decken-Kontinuum ist als Gewölbe konstruiert, das nach den Seiten abfällt. Mit einer gemessenen Ausdehnung von 7,10 m Länge und 1,80 m Breite im Lichten ist die Nutzfläche beachtlich, die Höhe der Räume aber mit nur 1,30 m äußerst flach. Kriechgänge von durchschnittlich 60 cm auf 55 cm im Querschnitt bilden die einzigen Öffnungen. Die Zugänge sind etwa 1,60 m lang. Sie weisen ausnahmslos nach Südwesten gegen das offene Meer.

Die Wandkonstruktion der Grottenhäuser besteht aus mörtellos aufgeschichteten, schiefrigen Basaltplatten mit Gerölleinlage. Die Abdeckung der Innenräume konstruierte man als falsches Gewölbe: Auskragende Steine ragen in der jeweils höheren Schicht stets ein wenig weiter in den Raum als die vorhergehende und nähern sich so einander. Die letztlich verbleibende Deckenöffnung verschließen großformatige Steinplatten. Darüber folgen weitere Steinschichten zur Beschwerung und damit Stabilisierung. Eine Erdschüttung mit Grasansaat schließt das Ganze nach oben ab. Im Grundriß ähneln die Höhlenhäuser von Orongo dem Prototyp des *hare paenga* aus Holz und Schilf über einem Steinfundament. Lediglich die Materialwahl läßt auf die Sondernutzung dieser Gebäude schließen.

Zum Teil sind die Höhlen mit Felsmalereien ausgeschmückt, von denen manche mitsamt dem Untergrund abgenommen und in das kleine Inselmuseum gebracht wurden. Die beeindruckende Darstellung zweier eng nebeneinanderstehender Menschen ist in einer der Grotten verblieben. Die en face-Abbildungen geben mit weißen Linien auf rotem Grund das genaue Abbild der *ao*, der reichgeschnitzten Zeremonialpaddel (s. S. 116f.; Abb. 38), wieder: langgezogenes Gesicht, schmale Nase, die in die Brauen übergeht, gedehnte Ohrläppchen, hochfrisierter Haar- oder Federaufsatz.

Ebenfalls weiße Linien umrahmen schwarze Augenpunkte. Trotz unübersehbarer Verfallserscheinungen besticht die zwar starre, aber ausdrucksstarke Formgebung.

Die Gesamtanlage dürfte ein beachtliches Alter aufweisen. Erste Datierungen führen ins Jahr 1410 zurück. Die letzte zeremoniale Aktivität auf Orongo scheint 1876 stattgefunden zu haben.

Ahu Vinapu I und Ahu Vinapu II

5,5 km von der Ortsmitte Hanga Roas entfernt liegt eine der interessantesten Zeremonialstätten Rapa Nuis – Vinapu. Man umfährt das östliche Ende des Flugplatzes und erreicht am Fuße des Rano Kau unweit der Steilküste die beiden *ahu* von Vinapu. Das Alter der Bauwerke ist beträchtlich, sie werden in das 10. Jh. beziehungsweise 12. Jh. datiert. Allerdings müssen einige nachträgliche Veränderungen berücksichtigt werden.

Die beiden *ahu* präsentieren sich noch weitgehend in originalem Zustand, den nur die Zerstörungen der späten Stammeskriege beeinträchtigt haben. Die ehedem auf ihnen stehenden *moai* liegen landeinwärts umgestürzt im Geröll. Sie messen im Durchschnitt wenig über 4 m. Ihre *pukao* wie auch einige Köpfe findet man weit verstreut im Gras.

Die Achse des ersten *ahu*, des Ahu O Tahiri (Vinapu I), verläuft fast genau in Nord-Süd-Richtung, was einige Forscher zu der Vermutung veranlaßte, die Plattform habe früher unter anderem zur Beobachtung der Gestirne gedient. Auffallend ist die sich an verschiedenen Stellen des *ahu*-Grundrisses verändernde Kompaßweisung. Dieses Phänomen wurde auch bei anderen *ahu* festgestellt, aber noch nicht erklärt.

Ins Auge fallen die qualitativen Unterschiede der beiden *ahu*-Konstruktionen. Grob behauene Steinquader fassen die seeseitige Rückfront des Ahu Vinapu II ein. Sie messen bis zu 1,25 m in der Breite und 2,10 m in der Höhe bei einer Stärke von etwa 40 cm. Beachtlich ist der gewaltige vordere Eckstein. Die Fugen sind grob aneinandergepaßt. Die Plattformstufe über der landseitigen *ahu*-Rampe dagegen besteht aus 15 cm starken und 60 cm hohen Platten

43   Mauer des Ahu Vinapu I

von unterschiedlicher Länge. Der *ahu*-Innenraum ist mit Lavagestein verfüllt. Bemerkenswert ist ferner die Verblendung der Flügelmauern mit großformatigen roten Tuffsteinblöcken.

Wie verfeinert dagegen erscheint die Bearbeitungstechnik des
Ahu O Tahiri (Farbabb. 5): Betrachtet man dessen Rückfront, muß
man Hochachtung hegen vor dem Können der frühen Steinmetzen,
denen nur steinerne Werkzeuge zur Verfügung standen. Dem
Betrachter drängt sich unwillkürlich der Vergleich mit inkaischen
Mauern auf. Leicht konvex wölbt sich die 3 m hohe Wand der *ahu*-
Plattform über eine Länge von knapp 20 m. Sauber aneinanderge-
paßt, fügen sich die gewaltigen Steinblöcke mörtellos zu einer
Mauerwerkseinheit zusammen. Die Paßgenauigkeit der Fugen hat
selbst durch die Jahrhunderte ihres Bestehens und trotz aller
widrigen Einflüsse nichts von ihrer Präzision verloren. Versatz-
und Füllsteine weisen dieselbe Exaktheit wie die Hauptglieder auf.
Und diese Hauptkonstruktionsglieder besitzen Abmessungen von
wahrhaft beeindruckenden Maßen. Längen von 160–285 cm,
Höhen von 125–165 cm und Stärken von 35–55 cm sind die Regel.
An einigen Stellen sind die Einbindetiefen allerdings geringer. Von
verblüffender Harmonie ist die Eckausbildung.

44   Mauer des Ahu Vinapu II

Besondere Aufmerksamkeit verdient eine rote Tuffstein-Stele hinter dem Ahu Vinapu II, die Mulloy im Rahmen der Heyerdahl-Expedition im Jahre 1956 ausgrub. Schwach angedeutet, heben sich die am Körper angelegten Arme ab. Deutlicher erkennbar sind die auf dem Bauch ruhenden, einander zugerichteten, langfingerigen Hände. Der Nabel fällt als kreisrunde Erhebung auf. Der Kopf ist nicht mehr identifizierbar. Die rudimentären Reste der Stele lassen eine Vielzahl von Deutungen zu. Mehrere Forscher sehen in der Statue einen weiblichen Torso, dessen Schultern vormals zwei nach vorn blickende Köpfe trugen.

Die Zeremonialanlage von Vinapu ist zweifellos eine der interessantesten. Sie gibt zu vielen Spekulationen über Stileinflüsse und Herkunft ihrer Erbauer Anlaß. An ihr scheiden sich die Thesen hinsichtlich der Heimat der Ureinwohner Rapa Nuis, und mit ihrer architektonischen Aussage werden unterschiedliche Theorien untermauert. Besonders die Wissenschaftler, welche die Hypothese einer Kulturübertragung aus Südamerika vertreten, sehen ihre Annahme durch die Qualität der Steinmetzarbeit von Vinapu bestätigt (s. S. 23 f.).

141

Die Südküste

Man verläßt Hanga Roa südwärts, folgt anfangs der Ausschilderung nach Anakena, passiert die Nordseite des Maunga Orito (die Wegstrecke südlich des Berges bis zum Ahu Hanga Poukura ist nicht befahrbar), um dann nach rechts in Richtung Rano Raraku abzubiegen. Das Ende der Südküste erreicht man am Ahu Tongariki nach insgesamt 21 km. Entlang dieser Strecke reihen sich zahlreiche *ahu*, die ausnahmslos zerstört sind. Eine Besichtigung aller Zeremonialanlagen ist nicht erforderlich; vielmehr erscheint es sinnvoll, sich auf einige wenige zu konzentrieren, an denen die typischen Merkmale der Region besonders augenfällig werden. Die interessantesten Stätten sind am Wege ausgewiesen.

Kurz bevor die Straße auf die Küste stößt, hebt sich die erste Zeremonialanlage, der **Ahu Hanga Poukura**, gegen das Meer ab. Sie bietet das übliche Bild nach dem Wirken zerstörerischer Gewalt: umgestoßene *moai*, verstreut liegende *pukao*, beschädigte Plattformen – und gerade der Ahu Hanga Poukura zählte einmal zu den großen Anlagen. Lediglich die Rückfront vermittelt noch einen Abglanz der Leistungen seiner frühen Baumeister. Die präzise Bearbeitung der Felsquader, in mehreren Schichten mit unregelmäßigen Lagerfugen aufeinandergefügt, die sauber eingepaßten Zwikkel- und Füllsteine sowie die Genauigkeit der Fugenausbildung beeindrucken den Betrachter. In der *ahu*-Rampe sind einige Grabkammern erkennbar, die alle aus der späten Phase der Inselgeschichte stammen (s. S. 94).

Bei der weiteren Rundfahrt sollte man stets bedenken, daß dieser Inselteil in früheren Zeiten besonders dicht besiedelt war. Dorfgemeinschaften gruppierten sich bevorzugt um natürliche Küsteneinschnitte. Drei Voraussetzungen bestimmten eine Siedlungsgründung: eine Meeresbucht mit Anlandungsmöglichkeit für Fischerboote, Frischwasservorkommen aus Sickerquellen der Vulkanseen und Ackerland für den Anbau der Feldfrüchte. Eine solche Kommune bestand aus mehreren Familienverbänden. Sie umfaßte oft einige hundert Menschen. Jede Familie errichtete im Laufe der Zeit eine Gedächtnisplattform zu Ehren herausragender Verstorbener. Dieses führte naturgemäß dann zu einer Häufung von Zere-

45 Umgestürzte *moai* an der Südküste

monialanlagen in den bevorzugten Siedlungsgebieten, etwa an der Südküste.

Wie der Ahu Hanga Poukura ist auch der bald folgende **Ahu Akahanga** zerstört. Seine *moai* stürzten bäuchlings auf die *ahu*-Rampe. Die *pukao* sind weitergerollt und irgendwo liegengeblieben. Sogar die *ahu*-Plattform weist Spuren der Verwüstung auf. Beachtenswert sind die Abmessungen der am Boden liegenden Kolossalstatuen: Ihre Maße reichen bis zu 6,65 m in der Höhe, 2,40 m in der Waagerechten von Ohr zu Ohr und 3,10 m in der Schulterbreite.

Der Ahu Akahanga liegt unmittelbar an der steil abfallenden Felsenküste. Dieser Umstand machte die Errichtung einer rückwärtigen Substruktion erforderlich. Zur Überwindung des Höhenunterschieds und zur Gewährleistung der Standsicherheit wurden drei noch heute deutlich erkennbare Terrassenstufen eingefügt. Quasi als Fundament der unteren Stufe dienen große, waagerecht verlegte Steinplatten, die auf dem gewachsenen Fels ruhen und mit

143

ihren Stirnseiten über die äußere Konstruktionsebene hinausragen. Hierauf stehen senkrecht angeordnete Haussteine als äußere Umfassung der Terrassen. Sie verzeichnen imponierende Maße, die bis zu 2,35 m in der Höhe, 1,20 m in der Breite und 45 cm in der Stärke betragen. Die Terrassierung garantiert auch über eine größere Höhe einen einwandfreien Kräfteabfluß der Lasten aus den ehedem aufgestellten *moai*. Deutlich erkennbar ist die innere *ahu*-Füllung aus meist runden, kopfgroßen Lavabrocken.

Nur wenig mehr als 100 m weiter befindet sich am Ostufer der Bucht von Akahanga ein weiterer *ahu*. Einst trug er eine Vielzahl unterschiedlich großer Statuen, von denen die kleineren nur 3,10 m maßen, nun aber liegen die *moai* im Geröll, die *pukao* sind davor verstreut. Auch die Rampe dieser Zeremonialanlage birgt diverse Grabkammern aus der Spätzeit (s. S. 93, 94). Den *ahu* zeichnen gut erkennbare Zierkanten aus rotem Tuffstein aus: Sauber behauene Blöcke säumen den vorderseitigen Plattformfuß ein, und ebensolche von 40 cm × 60 cm Querschnitt und 1,60 m Länge ruhen auf der oberen Plattformkante. Die letzteren kröpfen mit einer 10 cm langen Nase über die Steinplatten der senkrechten Verkleidung und verdecken so die waagerechte Fuge. Ihre Flächen sind teilweise mit Petroglyphen verziert. Im früheren Originalzustand gaben die roten Tuffstein-Begrenzungen der *ahu*-Plattform dem Gesamtbauwerk durch den Farbwechsel im Steinmaterial einen besonderen Akzent.

Erwähnenswert ist ferner die landeinwärts am Ende der Bucht befindliche Rampenanlage zum Einholen der Boote. Obwohl sie nur noch rudimentär vorhanden ist, vervollständigt sie den Gesamteindruck des Siedlungsareals.

Etwa 3 km hinter der Bucht von Akahanga liegt rechts des Fahrwegs der **Ahu Hanga Tetenga.** Seine Rückwand besteht aus einer Kombination unterschiedlich großer Steine. Großformatige, unbearbeitete Felsbrocken wurden mörtellos aufgeschichtet. Passende Geröllsteine schließen die sich bei den unregelmäßigen Querschnitten zwangsläufig ergebenden Zwischenräume. So entstand eine zwar durable, aber gegenüber der Verwendung selbst grobbehauener Steine vergleichsweise primitive Konstruktion.

Folgt man der Küstenstraße, zweigt alsbald der **Camino de los Moai** (›Weg der *moai*‹) ins Inselinnere ab. Gleich am Anfang des

46 ›Verlorener‹ *moai* am Camino de los Moai

Weges ruht bäuchlings ein ›verlorener‹ oder ›müder‹ *moai* – einer der Steinkolosse, die beim Transport, wie immer dieser auch bewerkstelligt worden sein mag (s. S. 89 ff.) – umgekippt und liegengeblieben sind. Mit einer Größe von 7,85 m gehört er einer ›fortgeschrittenen‹ *moai*-Generation an (s. S. 68). Am Ende dieses Weges kurz vor dem Rano Raraku liegen weitere ›verlorene‹ Statuen neben der früheren Transportstraße.

Direkt hinter der Abzweigung zum Rano Raraku ist ein besonders schöner *tupa* im Originalzustand betrachtenswert. Seine Ausmaße betragen 6 m auf 4 m bei einer Höhe von 2,50 m, die früher allerdings größer war. Eine seeseitige Öffnung von 60 cm × 70 cm im Querschnitt führt in den einzigen Raum des Turminnern.

Ungefähr 30 solcher Bauwerke wurden bisher geortet. Ihre Grundrisse reichen von kreisförmig bis elliptisch und enthalten einen Raum, der in seinen Abmessungen der Außenform folgt. Die Wände sind aus Steinen aufgeschichtet und verjüngen sich nach oben zu einer kuppelförmigen Überwölbung. Eine Theorie deutet die Turmhäuser als Aufenthaltsort der Priester. Diese in der Astronomie und Meteorologie erfahrenen Männer beobachteten von dem Dach ihrer Behausungen aus die Gestirne, was ihnen ermöglichte, landwirtschaftlich wichtige Voraussagen zu treffen.

47   Überreste eines *tupa* südlich des Rano Raraku

Den **Ahu Tongariki** am Ende dieses Wegabschnitts suchten gleich zwei vernichtende Gewalten heim: das zerstörerische Wirken der Menschen während der Stammeskriege und schließlich eine Flutwelle, die im Jahre 1960 nach einem Seebeben vor der chilenischen Küste gegen Rapa Nui brandete und ihre Kraft in der trichterförmigen Bucht von Tongariki konzentrierte. Die Flutwelle erfaßte selbst schwerste Steine und *moai* und versetzte sie landeinwärts. So bietet diese Zeremonialanlage heute den Anblick eines einzigen Trümmerfeldes – der Eindruck des Chaos wird durch die dunkle bis schwarze Farbpalette des Steinmaterials noch verstärkt.

Ein einsamer und am Wegesrand wieder aufgerichteter *moai* steht dem Chaos ein wenig verloren gegenüber. Er ist interessant, weil er der einzige Monolith mit ›Bart‹ ist, der die Produktionsstätte des Rano Raraku je verließ. Dort, in der ›Bildhauerwerkstatt‹, liegen noch einige ›bärtige‹ Exemplare. Man fragt sich allerdings, ob der mit einigem Wohlwollen erkennbare Knebelbart des *moai* von Tongariki tatsächlich eine Zierde der Originalstatue ist. Bei genauer Betrachtung keimt der Verdacht, daß es sich vielleicht nur um das Produkt unterschiedlicher Verwitterungsspuren handelt: ein Mineraleinschluß, der anders erodiert als das Grundmaterial (Tuff) dieser Figur.

146

Die Fahrstraße berührt an der Zeremonialstätte von Tongariki ein durch eine halbhohe Mauer aus Lavabrocken eingefriedetes Areal: eine der reichhaltigsten Ansammlungen von **Petroglyphen** außerhalb Orongos. Die Felszeichnungen sind in die Oberfläche einiger aus dem Gras ragender Steinplatten eingeritzt oder eingemeißelt worden. Neben den üblichen Makemake- und Vogelmensch-Darstellungen fallen viele Tierabbildungen auf: Fische unterschiedlicher Größe, Vögel, teilweise mit zwei Köpfen, Schildkröten etc.

Hier biegt die Straße nun landeinwärts ab und berührt in ihrem weiteren Verlauf den Fuß der Halbinsel Poike.

Der Rano Raraku

Die 20 km lange Anfahrt von Hanga Roa zum **Rano Raraku** (Farbabb. 7) gleicht der in dem voraufgehenden Kapitel beschriebenen Strecke. Man kann diese beiden Besichtigungen gut miteinander verbinden. Schon aus geraumer Entfernung weisen die zwei Spitzen des ehemaligen Vulkans den Weg. Die Fahrstraße biegt, nachdem man die Abzweigung ›Camino de los Moai‹ passiert hat, von der Küste ins Landesinnere ab und endet auf einem kleinen Parkplatz. Vor dem Besucher erhebt sich das Hauptmassiv des Vulkankranzes, an seinen Abhängen stehen die steinernen Riesen, die *moai*, bis zum Hals im Erdreich eingegraben. Hier erreicht ein Aufenthalt auf Rapa Nui seinen Höhepunkt.

Zweckmäßig ist es, nach dem Passieren des Eingangs an der bald folgenden Weggabelung den nach rechts verlaufenden Pfad zu wählen. Er führt langsam bergauf und überrascht an einer Spitzkehre mit der einzigen Großfigur der Insel, die aus dem Formenkanon der *moai* herausfällt. Zugleich ist sie die einzige Skulptur mit unteren Extremitäten. Der fast 3,70 m große und wohlgerundete Monolith, der Moai Tuturi (Farbabb. 12; Abb. 17 B, 18), kniet mit nach hinten gestreckten Unterschenkeln auf dem Boden (s. S. 64).

Der Weg wendet sich nun wieder zur Vorderseite des Berges hin. Hier steht die größte Anzahl der 276 (395; s. S. 68, 72) Statuen, die am Rano Raraku verblieben sind und die verschiedenen Fertigungsstadien repräsentieren. Bei der Betrachtung der Monolithe bedenke man, daß sich meist nur etwa zwei Fünftel der jeweiligen Gesamtfigur darbieten, während drei Fünftel im Erdreich verborgen bleiben. Doch selbst die sichtbaren Kopfpartien sind von imponierender Größe: Ihre Nasenlänge entspricht dem Körpermaß eines Erwachsenen. Die Formgebung der *moai* gehorcht zwar einer schematischen Norm (s. S. 72, 85), doch trotz aller Uniformität wechseln die Gesichtszüge – fast könnte man von einer Individualität der einzelnen Statuen sprechen.

Als eine Kuriosität sei hier nochmals auf die rechte der beiden am Anfang des Rundgangs eng beisammenstehenden Figuren hingewiesen (Farbabb. 1): Ihr ist ein Dreimastschoner gleich einer Tatauierung in die Brust geritzt – eine späte Zugabe nach der Entdeckung der Insel durch Europäer.

Wenngleich streckenweise beschwerlich, sollte man dem oberen Weg zum Kraterrand folgen. Er führt an einigen *moai* vorbei, die sich in den ersten Fertigungsstadien befinden, so daß man an ihnen die Arbeitsweise der Steinmetzen gut studieren kann: Zuerst wurde eine Nische oberhalb der späteren Statue in den Fels getrieben oder

48   Der Kratersee des Rano Raraku

49   Am Hang des Rano Raraku

das darüber befindliche Gestein abgetragen, um danach von oben
beginnend die Bildhauerarbeit zur Ausformung der Skulptur vor-
anzutreiben (s. S. 85 f.). Interessant ist die rationelle Ausnutzung
der Ressourcen. Parallel angeordnete Steinleiber in engen Abständen zueinander oder in Lücken eingefügte kleinere Statuen zeugen
von dem durchaus ökonomischen Denken der Steinmetzen.

An diesem Weg erblickt man auch den größten jemals in Angriff
genommenen Monolithen dieser ›Werkstatt‹: Er mißt vom Kopf bis
zur Hüftbasis 20,90 m (s. S. 85) – seinen Transport oder gar seine
Aufrichtung auf einem *ahu* vermag man sich kaum vorzustellen.

Überschreitet man den Rand des Vulkankraters, bietet sich in
seinem Innern ein völlig veränderter Ausblick. Die Schroffen des
Außenhangs – besonders in seinem oberen Bereich – werden durch
eine fast liebliche Landschaft abgelöst. Der grasbewachsene Innenhang senkt sich zur Mitte, zum mit *totora*-Schilf bestandenen
Kratersee. Auch den Innenhang ›bevölkern‹ zahlreiche *moai* in
allen Fertigungsstadien; sie sind im Durchschnitt etwas kleiner als
diejenigen des Außenhangs. An zwei Exemplaren tritt die feine
Ohrausführung besonders deutlich hervor. Sowohl die hoch im

50 Am Innenhang des Rano Raraku liegt ein *moai* noch mit dem Fels verbunden

Schläfenbereich angesetzte Kalotte als auch die schmale, langgezogene Ohrmuschel sind reliefartig gestaltet. Das Läppchen endet in einer Rundung mit kreisförmiger Ausnehmung.

Beachtenswert ist ferner eine noch mit dem Fels verbundene, auf dem Rücken liegende Statue am inneren Kraterhang nahe der oberen Abbruchkante. Während der Körper in seinen Einzelheiten bereits weitgehend fertiggestellt ist, verbindet ein steinerner Steg sein Rückgrat noch mit dem Berg (s. auch S. 85 f.; Abb. 21).

Vom Parkplatz aus kann man, statt auf der eigentlichen Zufahrtsstraße zurückzufahren, einen südöstlich verlaufenden Fahrweg einschlagen, der etwa auf Höhe des Ahu Tongariki wieder auf die Südküsten-Strecke führt.

Anakena und die Nordostküste

Die Nordostküste erschließt sich vorteilhafterweise als Verlängerung der Südküsten-Touren und kann für den nur wenige Tage auf der Osterinsel weilenden Besucher im Rahmen eines Tagesausflugs mit diesen verbunden werden. (Selbstverständlich kann sie auch als eigenständige Besichtigung von Anakena aus erfolgen; beschrieben wird hier die erste Version.)

Hinter dem Ahu Tongariki führt die immer enger werdende Fahrstraße am Fuße des Maunga Pukatikei, der die Halbinsel Poike beherrscht, nordwärts. Die Trasse verläuft parallel zum früheren Poike-Graben, der einstmals natürlichen Trennung zwischen der Hauptinsel und der vorgelagerten Felsenbastion der Halbinsel. Heute präsentiert sich die Spalte als mehr zu ahnender denn erkennbarer Abriß in der Graslandschaft. Hier erfüllte sich vor 300 Jahren das Schicksal der kulturtragenden ›Langohren‹, die im Feuer, das sie zur Verteidigung ihrer Rückzugsstellung auf Poike legten, selbst umkamen (s. S. 34f.).

Bald weitet sich das Gelände und gibt den Blick auf die Bucht von Taharoa frei. Mehrere weitgehend zerstörte *ahu* säumen den Weg, der nun entlang der Uferlinie nach Nordwest abbiegt. Sehenswert ist gleich zu Beginn der Küstenstraße der **Ahu Mahatua.** Im Gegensatz zu den allgemein üblichen und bereits beschriebenen *ahu moai*, also den mit Statuen bestückten Plattformen, stellt der Ahu Mahatua einen der wenigen *ahu poe poe* dar. Diese schiffsförmig errichteten Zeremonialbauten enthalten im Innern eine oder mehrere Grabkammern, die in Größe und Grundriß von der Gestaltung des Baukörpers abhängig sind. Die aus aufgeschichteten Steinen errichteten *ahu poe poe* entbehren im Gegensatz zu den *ahu moai* jeglicher Zusätze wie Rampen, Flügelmauern oder Skulpturen. Solche *ahu* für hervorgehobene Begräbnisstätten sind relativ selten und hauptsächlich an der Nordostküste zu finden. Nach verbreiteter Meinung entstanden sie erst nach der Entdekkung der Insel durch die Europäer.

Bereits nach kurzer Weiterfahrt erblickt man links neben dem Fahrweg einen langgezogenen, senkrecht auf dem Boden stehenden Stein. Oben und an den Seiten befinden sich einige miteinander verbundene Löcher. Es handelt sich um den Trompetenstein **Tu o Hiro.** Wenn man in die obere Öffnung bläst, erklingt ein dumpfer, weithin hörbarer Ton, ähnlich dem eines Muschelhorns. Die Legende schreibt dem Stein die Kraft zu, Fische anzulocken, stellt ihn also als *mana*-Träger dar.

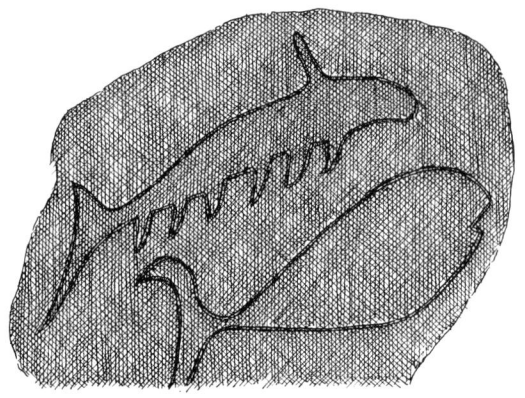

51 Ritzzeichnung von Walfisch und Hai (Zeichnung: H. Gatermann)

Kurz vor der Abzweigung zur Bucht von La Pérouse ragen 20 m links des Weges einige Basaltplatten aus dem Gras, die Petroglyphen aufweisen. Neben schwer identifizierbaren und abstrakten Figuren zeigt der linke Fels die naturalistische Ritzzeichnung eines Wals und eines Haifisches.

In der Höhe der Bahía de La Pérouse liegt etwa 200 m rechts der Straße der zerstörte **Ahu Te Pito Kura.** Auf ihm stand einstmals der Moai Paro, mit einer Höhe von 9,80 m größter je auf einem *ahu* aufgestellter Monolith. Er gehört der letzten *moai*-Generation an, die den Rano Raraku verließ. Nun liegt er in zwei Teile zerbrochen auf der *ahu*-Rampe und neben seinem Haupt der *pukao.*

Die seeseitige Rückfront des *ahu* ist mit hervorragend bearbeiteten Steinquadern bestückt. Die Qualität der Steinmetzarbeit entspricht nahezu der von Vinapu I (s. S. 23 f., 139 ff.). Exakt passen die Fugen aneinander, und mit Längen bis zu 2,45 m, ja 2,65 m, Höhen von 90–105 cm und Stärken um 50 cm weisen auch diese Steine imponierende Maße auf.

Unweit des nördlichen *ahu*-Endes stößt man auf ein lokales Kleinod. Inmitten eines Kreises aus Geröll liegt ein von der Natur geglätteter Stein in der Form eines abgeflachten Globus. Sein Durchmesser beträgt etwa 80 cm. Die Einheimischen nennen ihn **Te Pito o Te Henua,** den ›Nabel der Welt‹ (s. S. 15; Abb. 2, 52). Die Vorstellung, den Mittelpunkt der Welt zu ›besitzen‹, hegten

52   Der ›Nabel der Welt‹ am Ahu Te Pito Kura

auch andere Kulturen – man denke etwa an den delphischen Omphalos der Griechen.

Kurz vor Anakena zweigt ein Nebenweg am Südhang des Puha seewärts ab. Er endet an dem kleinen Sandstrand **Playa de Ovahe** – neben Anakena die zweite auf der Osterinsel befindliche Badebucht. Vor der violett-roten Kulisse des Berghangs, eingefaßt von den ins Meer reichenden Lavazungen, mutet der weiße Sand fast unwirklich an.

Mit der **Bucht von Anakena,** ihrem künstlich angelegten Palmenhain mit Picknickplatz, dem Sandstrand mit Bademöglichkeit und nicht zuletzt dem hervorragend restaurierten Ahu Nau Nau ist das Ende dieses Streckenabschnitts erreicht und zugleich ein weiterer Höhepunkt der Inselkultur.

Den Versammlungsplatz seeseitig abschließend, erhebt sich der **Ahu Nau Nau** (Titelbild; Farbabb. 3) parallel zur Küste. Über senkrecht stehenden Steinplatten steigt die 45 m lange und 5 m breite *ahu*-Rampe an. Eng und exakt gepflastert ragen die üblichen

53 Ausschnitt von der Rückseite des Ahu Nau Nau – eingebaut eine Steinplatte mit anthropomorpher Figur

Geröllsteine aus dem Grasbett. Eine rote Tuffsteinstufe leitet von der Rampe in die *ahu*-Plattform über, die mit knapp 27 m zwar lang, mit einer Breite von 2,75–3 m jedoch relativ schmal ist. Den oberen Abschluß der 80 cm hohen Vorderwand unterstreicht ein roter überkröpfender Tuffsaum. Mit einem Querschnitt von 40 cm auf 40 cm sind seine Elemente etwas zierlicher als diejenigen der Südküste. Das doppelte rote Band an der Frontseite der *ahu*-Plattform lockert zwar die Gesamtkonzeption auf, vermag aber Ernst und Würde, die sie ausstrahlt, kaum zu mindern.

Als selten praktizierte Lösung ist die gepflasterte Wölbung der *ahu*-Plattform anzusehen, die im gleichen Neigungswinkel wie die Rampe weiter ansteigt. Auf ihr ruhen dann die Sockel – und endlich die *moai*, fünf Vollfiguren und zwei Fragmente. Ein Sockel ist unbesetzt. Groß und erhaben recken sich die Monolithe in die Höhe. Mit ihrer Länge um 3,10 m und dem wuchtigen Habitus gehören sie einer mittleren Generation an. Vier von ihnen tragen einen *pukao* aus rotem Tuff. Der Kopfaufsatz des linken hat die Form eines Kegelstumpfes; die anderen verjüngen sich nur leicht oder gar nicht und enden in einem Aufsatz, der bei dem mittleren *pukao* fehlt. Häufig sind die Aufsätze eigenständige Konstruktionsglieder, die in einer oberen Ausnehmung des eigentlichen *pukao* befestigungslos stehen.

Hier am Ahu Nau Nau sind die Details der Steinkolosse deutlich erkennbar (mit Ausnahme einiger *moai* am Rano Raraku ist bei allen übrigen die Verwitterung zu stark fortgeschritten): Die Gesichter, deren Augenhöhlen einstmals Einlagen aus weißer Koralle und schwarzer Lava trugen; die Ohren mit den hochangesetzten Kalotten und den schmalen Lappen, beides in den Innenflächen strukturiert; die langen Nasen und dünnlippigen Münder; die Hälse, die mit einer erhabenen Kante in den Leib übergehen; die plastisch geformten Brustwarzen; der aufgesetzte Nabel; und schließlich die anliegenden Arme, die in Händen mit überlangen, feingliedrigen Fingern enden, die so grazil sind, daß sie nicht zu den ansonsten klobigen Statuen passen wollen. Die offensichtlich – entsprechend einer auch heute noch in mehreren Ländern gepflegten Tradition – unbeschnittenen Daumennägel lassen darauf schließen, daß die Dargestellten einer höheren sozialen Schicht angehörten, deren Mitglieder keine Handarbeit zu verrichten brauchten.

54 Detail eines *moai* vom Ahu Nau Nau

Stets ausgeformt sind die Handgelenkknöchel. Sehr gut erkennbar ist auch die Bearbeitung der unteren Rückenpartie. Reliefartig liegen Kordel und spiralförmig verzierter Gesäßschutz auf.

Seeseitig fällt der *ahu* über zwei, teilweise drei Stufen zur Uferzone tief hinab. Sein Natursteinmauerwerk ist vergleichsweise grob. Den unbekümmerten Umgang der Baumeister mit frühen, künstlerisch gestalteten Steinplatten verdeutlicht ihr Einbau als Konstruktionsglieder! In der zweiten Reihe von oben ragt ein als Bauteil verwendeter, waagerecht liegender *moai*-Kopf heraus; links darüber weist ein Abschlußstein eine anthropomorphe Figur auf; ein wenig weiter fallen, allerdings nur schemenhaft erkennbar, die Reliefs zweier nebeneinanderstehender menschlicher Gestalten ins Auge, die einander an den Händen berühren; und am linken *ahu*-Flügel wurde eine Steinplatte mit hervorragend abstrahierten Seevögeln verbaut.

Es ist wohl nicht übertrieben zu behaupten, daß der Ahu Nau Nau zu den schönsten und beeindruckendsten Zeremonialplätzen der Osterinsel zählt. Bevor man Anakena verläßt, sollte man das Bild der Gesamtanlage noch einmal auf sich wirken lassen. Vor dem Hintergrund des Meeres belebt die Abendsonne die Konturen und zeichnet weichere Flächen. Es fällt nicht schwer, mit ein wenig Phantasie die Baulichkeit in der Frische ihrer früheren Pracht neu erstehen zu lassen.

Praktische Reiseinformationen

Wissenswertes vor Reiseantritt

Information

›Sernatur‹ – Servicio Nacional de Turismo
Av. Providencia 1550
Santiago de Chile
∅ 00 56/2/698 21 51, 696 07 47
Telex: Serna Cl 24 01 37
Die Sernatur bearbeitet auch schriftliche Anfragen.

Diplomatische Vertretungen
... *in Deutschland*

Botschaft von Chile
Kronprinzenstr. 20
5300 Bonn 2
∅ 02 28/36 30 80, 36 30 89

Generalkonsulate:

Harvestehuder Weg 7, 2. Stock
2000 Hamburg 13
∅ 040/45 75 85

Mariannenstr. 5
8000 München 22
∅ 089/22 20 11

Humboldtstr. 94
6000 Frankfurt/M.
∅ 069/55 01 95

Bundesplatz 12
1000 Berlin 31
∅ 030/8 53 21 93

Honorarkonsulate:

Große Weserbrücke 1
2800 Bremen
∅ 04 21/32 37 31

Uferstr. 72
2300 Kiel-Nordhafen
∅ 04 31/33 78 79

Etzelstr. 9
7000 Stuttgart 1
∅ 07 11/60 47 22

... *in Österreich*

Botschaft von Chile
Lugeck 1/3/9
1010 Wien
∅ 02 22/51 23 37 00

Honorarkonsulat von Chile
Kaplanhofstr. 3
4020 Linz
☎ 07 32/81 14 41

... in der Schweiz

Botschaft von Chile
Eigerplatz 5
30007 Bern
☎ 031/54 07 45

Einreisebestimmungen

Staatsbürger der Bundesrepublik Deutschland, Österreichs und der Schweiz benötigen als Touristen zur Einreise und für den Aufenthalt bis zu 90 Tagen kein Visum für Chile. Sie müssen lediglich einen noch sechs Folgemonate gültigen Reisepaß vorlegen. Bei der Einreise erhalten sie eine Touristenkarte, die bei der Ausreise wieder abgegeben werden muß. Für den Besuch der Osterinsel ist keine zusätzliche Genehmigung erforderlich. Impfungen sind nicht vorgeschrieben.

Für Mietwagen ist der Internationale Führerschein erforderlich!

Devisenbestimmungen

Landes- und Fremdwährungen können unbeschränkt ein- und ausgeführt werden. Landeswährung, die aus dem Umtausch von Devisen stammt, kann nur gegen Vorlage der Umtauschbescheinigung wieder in Fremdwährung zurückgewechselt werden. Ausländern, die keinen Wohnsitz in Chile haben, ist ansonsten der Erwerb von Devisen im Lande nicht möglich.

Zollbestimmungen

Eingeführt werden dürfen alle Gegenstände des persönlichen Bedarfs.

Geschenke

In Anbetracht der mangelhaften Versorgungslage auf der Insel sind Gastgeschenke durchaus angebracht. Begehrt sind vor allem praktische Kleidungsstücke – etwa Schuhe, Jeans oder Anoraks.

Reisezeit

Aufgrund der ausgeglichenen klimatischen Verhältnisse (s. S. 11) kann die Insel ganzjährig besucht werden. Ideal aber sind die Monate Januar bis März.

Kleidung

Zweckmäßig ist praktische Kleidung – vorzugsweise aus Baumwolle. Wollsachen sind für kältere Tage und für die Abende zu empfehlen. Angezeigt ist die Mitnahme eines Regenschutzes sowie einer Kopfbedeckung gegen starke Sonneneinstrahlung. Festes und rutschsicheres Schuhwerk ist unerläßlich. Auch in den Hotels wird keine formelle Kleidung erwartet.

Anreise

Die einzige Möglichkeit, die Osterinsel zu erreichen, bietet die chilenische Fluggesellschaft LanChile. Auf ihren jeweils zweimal wöchentlichen – in den Monaten Dezember bis Februar je dreimal wöchentlichen – Flügen von Santiago de Chile nach Papeete auf Tahiti und zurück landen die Flugzeuge auf der Osterinsel zwischen. Die Flugzeit beträgt von Santiago etwa fünf, von Papeete etwa sechs Stunden.

Flugfrequenz und Flugdaten ändern sich häufig, daher sollte man vor der Abreise aus Deutschland unbedingt bei LanChile den aktuellen Stand abfragen. Da die genannten Flüge die einzige Luftverbindung zwischen Südamerika und dem zentralpazifischen Raum darstellen – und darüber hinaus nach Australien, Neuseeland und Asien führen –, sind sie in der Regel schon Monate im voraus ausgebucht. Dies ist bei der Reiseplanung zu berücksichtigen.

Die Flugpreise zur Osterinsel variieren ebenfalls, zur Orientierung seien hier Annäherungswerte genannt: Hin- und Rückflug Economy Class, Santiago de Chile–Osterinsel – ca. US-$ 820,–; Hin- und Rückflug Y-Class, Papeete–Osterinsel – ca. US-$ 1 400,–.

Zeitweise werden Sondertarife für Touristen angeboten, die jedoch nur außerhalb Chiles zu buchen sind. Im allgemeinen ist bei Buchung solcher Tickets die Aufenthaltsdauer beschränkt.

Informationen erteilen die Lan-Chile-Vertretungen:

LanChile Deutschland und Österreich
Hahntrapp 2
2000 Hamburg 11
✆ 040/37 80 01

LanChile Schweiz
16, rue du Mont
Genf 1
∅ 022/7 31 43 35

Die Osterinsel von A – Z

Ärzte und Apotheken

Hanga Roa besitzt ein Hospital mit medizinischer und auch zahnmedizinischer Betreuung. Eine Apotheke ist nicht vorhanden. Übliche Medikamente sind in einem Lebensmittelgeschäft in der Av. Policarpo Toro erhältlich.

Bank

Die *Banco del Estado de Chile* unterhält eine Zweigstelle auf der Osterinsel; geöffnet Montag–Freitag 8–12 Uhr.

Diplomatische Vertretungen

... der Bundesrepublik Deutschland

Botschaft der Bundesrepublik Deutschland (Embajada de la República Federal de Alemania)

C. Agustinas 785, 7° Piso (7. Stock)
Casilla de Correos (Postfach) 9949
Santiago de Chile
∅ 02/33 50 31, 33 50 35
Geöffnet Montag–Freitag 9–12 Uhr

... Österreichs

Österreichische Botschaft (Embajada de Austria)
Barros Errázuriz 1968, 3° Piso (3. Stock)
Santiago de Chile
∅ 02/2 23 47 74
Geöffnet Montag–Freitag 10–12 Uhr

... der Schweiz

Schweizer Botschaft (Embajada de Suiza)
Providencia 2653, Oficina 1602, 16° Piso (16. Stock)
Santiago de Chile
∅ 02/2 32 36 93
Geöffnet Montag–Freitag 10–12 Uhr

Einkaufen und Essen

Restaurants außerhalb der Hotels sowie Geschäfte sind im Ort verstreut vorhanden, konzentriert vor allem an der Av. Policarpo Toro. (Die Restau-

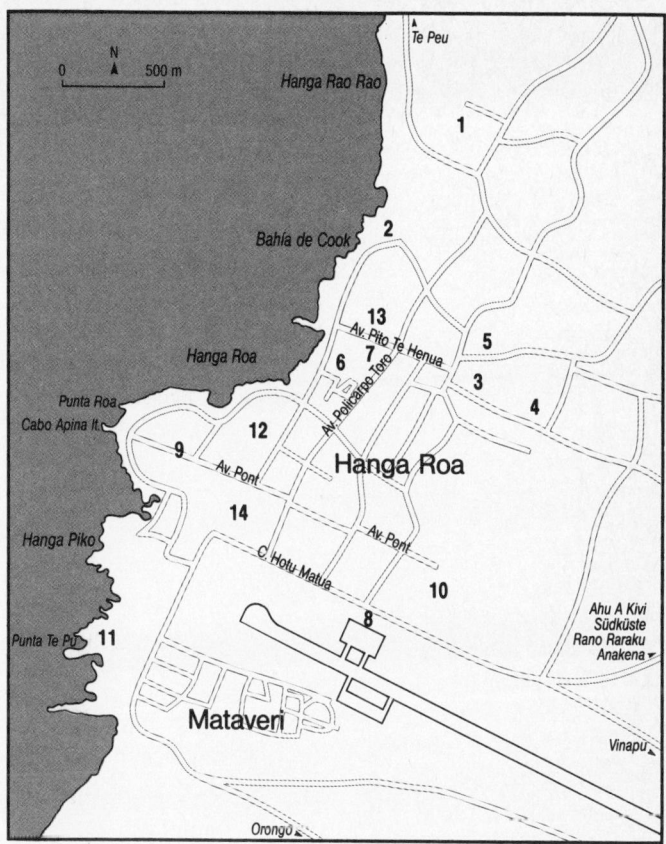

Hanga Roa

1 Museum	8 Flughafen (Aeropuerto Mataveri)
2 Friedhof	9 Hotel Hanga Roa
3 Kirche	10 Hotel Hotu Matua
4 Hospital	11 Hotel Iorana Korua
5 Verkauf von Kunstgewerbe	12 Hotel Tapa Ra'a
6 Bank	13 Hotel Otai
7 Post, Rathaus	14 Hotel Victoria

rants entsprechen nicht in allen Fällen europäischem Standard.)

Elektrizität

220 Volt Wechselstrom, 50 Hertz. Der dünnpolige Eurostecker kann direkt verwendet werden. Alle anderen Stecker bedürfen eines Adapters.

Feiertage

Neben den offiziellen chilenischen Staats- und Kirchenfeiertagen begeht die Osterinsel in der letzten Januar- oder ersten Februarwoche eine eigenständige Festwoche mit lokaltypischen Darbietungen.

Fluggesellschaften

LanChile
Hotel Hanga Roa
Av. Pont s/n
Isla de Pascua

Geld

Die chilenische Währungseinheit ist der Chilenische Peso (Abkürzung: chil $) zu 100 Centavos. Bei Preisauszeichnungen wird allgemein der Zu-

satz ›chil‹ weggelassen und nur das übliche Dollarzeichen ($) verwendet; meint man hingegen US-Dollar, so benutzt man den Zusatz ›US‹, also US-$. Wechselkurs (Stand: April 1991): chil $ 100,– = DM 0,80,–.

In den Hotels und Kunstgewerbeläden werden die Preise in US-$ angegeben. Die nordamerikanische Währung ist ein durchaus gängiges Zahlungsmittel. Es empfiehlt sich darum, Bargeld und Traveller Cheques auf Dollarbasis mitzunehmen.

Inselrundfahrten

Halb- und ganztägige Besichtigungsausflüge werden durch Hotelvermittlung von speziellen Agenturen angeboten. Es handelt sich um Exkursionen in kleinen Gruppen, begleitet von ortskundigen Führern, die meist Englisch und Französisch – in wenigen Fällen auch Deutsch – sprechen.

Kirche

Hanga Roa hat eine katholische Kirche. Bei der sonntäglichen Messe um 9 Uhr ist sie in der Regel voll besetzt; lohnend ist die Teilnahme am Gottesdienst wegen der einheimischen polynesischen Gesänge. Sehenswert sind einige Holzschnitzereien ortsansässiger Künstler, in denen christliche Elemente mit solchen der einheimischen Mythologie verbunden sind (s. S. 17f.).

Kreditkarten

Kreditkarten werden nur in wenigen Hotels und Geschäften akzeptiert. Dort sind Visa, American Express und Master Card angezeigt. Barauszahlungen über Kreditkarten nimmt die Bank nicht vor.

Mietwagen

Fahrzeuge können an mehreren Stellen angemietet werden (auch für nur vier oder acht Stunden!). Aufgrund der Straßenverhältnisse – bestenfalls Grandstraßen – ist ein Jeep (meist Suzuki mit Vierradantrieb) anzuraten. Auskünfte erteilen die Hotels. Es herrscht Rechtsverkehr. Der Tourist, der auf Rapa Nui selbst am Steuer sitzen möchte, benötigt einen Internationalen Führerschein.

Museum

Das von Pater Sebastian Englert gegründete alte Museum wurde durch das neue, 1988 eingeweihte *Museo Antropologico R. P. Sebastian Englert* ersetzt; geöffnet Montag–Freitag 9–12.30, 14–17 Uhr, Sonntag 9–12 Uhr (Samstag geschlossen).

Ausgestellt sind unter anderem Originale von Höhlenmalereien, anthropomorphe Steinköpfe, der steinerne Torso einer Königin (die untere Hälfte wurde 1956, die obere 1987 in Anakena gefunden), das Auge eines *moai* (1978 ebenfalls in Anakena gefunden), Handwerkzeuge, beinerne Nadeln, steinerne Angelhaken und Waffen sowie traditionelle Holzschnitzereien.

Pferde

Es ist möglich, Pferde stundenoder tageweise anzumieten. Auskunft im Hotel.

Post

Die Öffnungszeiten der Post – *Correos de Chile* – sind: Montag–Freitag 9–13, 14.30–17 Uhr.

Souvenirs

Lokaltypische Souvenirs sind Holzschnitzereien als Nachbildungen früherer Kultfiguren. Hierzu zählen *moai kavakava, moai tangata manu, moko, tahonga, rei miro* sowie steinerne *moai*-Kopien. Leider wird häufig Massenware geringer Qualität angeboten, doch findet man (nach einigem Suchen) auch hochwertige Nachbildungen. Eine Verkaufshalle für gute Kunst- und kunstgewerbliche Gegenstände, in der eine Reihe von Künstlern ihre Arbeiten präsentieren, befindet sich in dem Gebäude *Mercado Municipale* – links unweit der Kirche. Ansonsten bieten andere Künstler ihre Werke in den Hotels oder an den Hauptsehenswürdigkeiten feil.

Sprache

Die einheimische Bevölkerung spricht untereinander einen polynesischen Dialekt; offizielle Amtssprache ist Spanisch. In einigen Hotels wird Englisch oder Französisch verstanden.

Trinkgeld

In den Hotels und Restaurants ist ein Bedienungsgeld von 10–20 % üblich. In der Regel werden Inklusivpreise genannt, die bereits Mehrwertsteuer wie Bedienungsgeld enthalten. Ein darüber hinausgehendes geringes Trinkgeld wird durchaus erwartet.

Unterkunft

Auf der Insel gibt es sechs Hotels sowie zahlreiche Gästehäuser und Privatunterkünfte. Das Bettenangebot ist reichlich, Engpässe gibt es kaum. Grund hierfür ist die limitierte Beförderungskapazität der Transportmittel nach Rapa Nui.

Der gehobeneren Kategorie zuzurechnen sind:

Hotel Hanga Roa (✳✳✳–✳✳✳✳)
Av. Pont s/n
∅ 299

Hotel Hotu Matua (✳✳✳)
Av. Pont s/n
∅ 242

Zur mittleren Kategorie zählen:

Hotel Iorana (✳✳–✳✳✳)
C. Ana Magaro s/n
∅ 312

Hotel Tapa Ra'a (✳✳–✳✳✳)
C. Atamu Tekana s/n
∅ 225

Hotel Otai (**-***)
C. Pito de Henua s/n
Ø 250

Hotel Victoria (**-***)
Av. Pont s/n
Ø 272

Das Spektrum der Hotelpreise ist breit gefächert. Verlangt werden in den Hotels der unteren, mittleren und oberen Preisgruppe (Circa-Preise, Basis: Herbst 1989) für ein:

Einzelzimmer mit Frühstück von 35 über 65 bis 100 US-$; Doppelzimmer mit Frühstück von 45 über 85 bis 130 US-$; Einzelzimmer mit Vollpension von 55 über 95 bis 155 US-$; Doppelzimmer mit Vollpension von 90 über 150 bis 220 US-$.

Die Gästehäuser sind preisgünstiger, ihre Ausstattung aber entsprechend einfacher.

Wäscherei

An der Ecke Av. Policarpo Toro und C. Hotu Matua befindet sich eine neueröffnete und modern bestückte Wäscherei.

Zeitunterschied

Mitteleuropäische Zeit minus sieben Stunden (ohne Berücksichtigung von Sommer- oder Winterzeit).

Zoll

Hinsichtlich der Ausfuhr erworbener Gegenstände einschließlich neuer Kunstgewerbeartikel bestehen keine Beschränkungen. Bei Einreise in die Bundesrepublik ist jedoch das Limit für zollfrei einzuführende Mitbringsel zu beachten.

Erklärung polynesischer Begriffe (Glossar)

ahu Kultstätte mit großer, steinerner Kultplattform; auch nur die Plattform

ahu moai *ahu* zur Aufnahme von → *moai*

ahu poe poe steinerne Plattform ohne bauliche Zusätze, mit Grabkammern

akuaku Dämonen, oft familienspezifische Geister

ana Grotte, Höhle

ao großes Zeremonialpaddel

ariki König, Häuptling

curanto in einer Kochgrube zubereitetes Mahl

eepe stämmig

epe Ohrläppchen

hanau Menschengruppe, Rasse

Hanau Eepe ›Langohren‹, eigentlich: ›die Stämmigen‹

Hanau Momoko ›Kurzohren‹, eigentlich: ›die Schlanken‹

hanga Bucht

hare Haus

hare moa Hühnerhaus, Bauwerk aus aufgeschichteten Steinen mit Innenraum

hare paenga bootförmige Schlafhütte

Hiva Kara Rere Regengott

iti klein

kohau rongorongo hölzerne Schrifttafel

kumara Süßkartoffel (Ipomea batatas)

›*Kurzohren*‹ → Hanau Momoko

›*Langohren*‹ → Hanau Eepe

Makemake oberster Gott im Pantheon der Osterinsulaner, Schöpfergott

mahute Papiermaulbeerbaum (Broussonetia papyrifera)

mana immaterielle Kraft, die einigen Menschen oder Dingen innewohnt

manavai meist tieferliegende, durch Mauern geschützte Pflanzflächen *manu* Vogel

marae ost-polynesische Kultstätte mit Plattform, dort →
ahu genannt

maunga Berg

moai Figur, monolithische
Kolossalstatue einer Männer-
büste auf Rapa Nui

moai kavakava geschnitzte
Figur eines ausgemergelten
Mannes

moai maea steinerne Figurine

moai pa'a pa'a (papa) flachge-
schnitzte Frauenfigur

moai tangata menschliche Figur, Darstellung eines wohlgenährten Knaben

moai tangata manu Vogelmensch, Darstellung eines
Mannes mit Vogelkopf

moai toromiro hölzerne Figurine

moko Eidechse, keulenförmi-
ge Darstellung eines Reptils

motu kleine Insel

nui groß

paoa Kampfkeule, früher die
Hauptwaffe der Osterinsu-
laner

pukao hutförmiger Aufsatzzylinder aus rotem Tuff für
einen → *moai*

rano Krater eines erloschenen
Vulkans

rapa kleines Tanzpaddel

rei miro bootförmiges Pektorale, früheres Rangabzeichen

roa lang

rongorongo Rezitation,
Schrift

tahonga eiförmiger Anhänger, weiblicher Halsschmuck

tangata Mensch

tangata manu Vogelmensch,
Mittler zwischen → Make-
make und den Menschen

tapa Baststoff aus der Rinde
des Papiermaulbeerbaums
zur Anfertigung von Klei-
dung und Decken

tapu heilig, verboten

taro Knollenfrucht (Colocasia
antiquorum)

tiki Figur in menschlicher
Form in Polynesien

toromiro Mimosenart (So-
phora toromiro), kleiner
Baum mit knorrigen Ästen

totora eine Schilfart (Scirpus
riparius)

tupa turmartiges Bauwerk aus
aufgeschichteten Steinen mit
Innenraum

ua reichgeschnitzter Zeremonialstab

uhi Yams (Dioscorea species)

umu Erdofen

Uoke Gott der Zerstörung

Vogelmann, -mensch → *tangata manu*

167

Literaturverzeichnis

Asal, S., L. Schäfer: »Richtig reisen« Argentinien-Chile-Paraguay-Uruguay. Reise-Handbuch Köln 1990

Barthel, Th. S.: Grundlagen zur Entzifferung der Osterinsel-schrift. Hamburg 1958

Barthel, Th. S.: Das achte Land. Die Entdeckung und Besiedlung der Osterinsel nach Eingeborenentraditionen übersetzt und erläutert. München 1974

Barthel, Th. S.: Wer waren die ersten Siedler auf der Osterinsel? In: Ethnologica. Neue Folge, Bd. 2, S. 232–240. 1960

Borsdorf, A.: Chile. Und die Osterinsel. Kunst- und Reiseführer. Stuttgart 1987

Cristino, Vargas, Izaurieta: Archaeological Field Guide – Rapa Nui – National Park 1987

1500 Jahre Kultur der Osterinsel. Schätze aus dem Land des Hotu Matua. Ausstellungskatalog. Mainz 1989

Emory, K. B.: Easter Island's Position in the Prehistory of Polynesia. In: Journal of the Polynesian Society. Bd. 81, Nr. 1, S. 57–70. März 1972

Englert, Pater Sebastian: La Tierra de Hotu Matu'a. Chile 1948

Ferdon, E. N.: A Possible Source of Origin of the Easter Island Boat-Shaped House. In: Asian Perspectives, Bd. XXII, Nr. 1, S. 1–8. 1979

Felbermayer, F.: Sagen und Überlieferungen der Osterinsel. Nürnberg 1971

Forster, G.: Entdeckungsreise nach Tahiti und in die Südsee 1772–75. Tübingen 1979

Golson, J.: Thor Heyerdahl and the Prehistory of Easter Island. In: Oceania, Bd. XXXVI, 1965–66, S. 38–83. 1965

Heine-Geldern, R.: Politische Zweiteilung, Exogamie und Kriegsursachen auf der Osterinsel. In: Ethnologica.

Neue Folge, Bd. 2, S. 241–273. 1960

Heyerdahl, Th.: Kon-Tiki. Frankfurt/Berlin 1949

Heyerdahl, Th.: Aku-Aku. Das Geheimnis der Osterinsel. Berlin 1957

Heyerdahl, Th.: Die Kunst der Osterinsel. Geheimnisse und Rätsel. München 1975

Métraux, A.: Die Osterinsel. Hrsg. und mit einer Einleitung versehen von H.-J. Heinrichs, Nachwort von Ch. Walter. Frankfurt/M. 1989

Munro, G.: Rapa Nui, Santiago de Chile, 1985

Routledge, K. S.: The Mystery of Easter Island. London 1919

Servicio Nacional de Turismo Chile: Isla de Pascua o Rapa Nui. Datos Utiles. 1986

Servicio Nacional de Turismo Chile: Easter Island. Useful Information about Rapa Nui. 1988

Shapiro, R. L.: The Physical Relationship of the Easter Islander. In: A. Métraux: Ethnology of Easter Island. Honolulu 1946

Stingl, M.: Herrscher im Südseeparadies – Geheimnisvolles Polynesien. Düsseldorf/Wien 1985

Voitov, V. I., D. D. Tumarkin: Navigational Conditions of Sea Routes to Polynesia, In: Archaeology at the 11th Pacific Science Congress: Papers presented at the XI Pacific Science Congress, Tokyo. August-September 1966. Honolulu Asian and Pacific Studies Series. Bd. I, S. 88–100. 1967

Kartenmaterial

Mapa Arqueologico-Turistico: Isla de Pascua o Rapa Nui. 1979

Abbildungsnachweis

Umschlagphoto, sämtliche Farbabbildungen sowie alle im folgenden nicht gesondert aufgeführten Schwarzweiß-Abbildungen und Zeichnungen fertigte der Autor an.

Aus: Archaeological Field Guide, 1987   17

Aus: »1500 Jahre Kultur der Osterinsel«   12, 25

Etnografisk Museum, Oslo   33, 36, 37

Aus: Heyerdahl, Th., »Die Kunst der Osterinsel«   15

Musée de l'Homme, Paris   32

Musées Royaux d'Art et d'Histoire, Brüssel   34

Rautenstrauch-Joest-Museum, Köln   35

Staatliches Museum für Völkerkunde, München   11, 30

Staatliche Museen Preußischer Kulturbesitz, Museum für Völkerkunde, Berlin   38

Aus: Stephen Chauvet, »L'Ile des Pâques et ses Mystères«, Paris 1935   Frontispiz, 7, 8, 9, 13, 14

Süddeutscher Verlag GmbH, Bilderdienst   1, 20, 26, 40 (H. D. Kley), 6 (?), 41 (G. Weller)

Ulster Museum, Belfast   31

Karten: DuMont Buchverlag, Köln

Register der Personen und Völker/Stämme

Orts- und Sachregister

Ahu = Kultplattform
Ana = Höhle
Maunga = Berg
Moai = Megalithskulptur
Motu = Insel
Rano = Krater

DuMont Taschenbücher